JN170267

岸田文雄外務大臣守護霊インタビュー
外交そしてこの国の政治の未来

大川隆法
RYUHO OKAWA

まえがき

日本の外交は、安倍総理がやたらと目立って、岸田外務大臣の影が薄い。しかし、プロ筋の政治記者たちのアンケート結果では、岸田文雄外相《がいしょう》が、ポスト安倍の最有力候補だという。

それなら、いつも通り、スピリチュアル・リサーチをしてみるのが一番だろう。本人の深層心理《しんそうしんり》にアプローチをかけて、たくさんの質問に答えてもらえば、宗教ジャーナリズム的には、どういう人物か大体わかる。

この国の外交や政治の未来を占《うらな》う上で、本書はきっと貴重な先行指標《せんこうしひょう》となるだろう。

折《おり》しも新防衛大臣に就任《しゅうにん》された稲田《いなだ》氏が、例年通り、八月十五日に靖国参拝《やすくにさんぱい》されるかどうか注目されていたが、本日の朝刊によれば、「視察」と称《しょう》してアフリカに外遊《がいゆう》されるそうだ。

本書の岸田外相守護霊発言と照合《しょうごう》すると、日本外交の本質が自《おの》ずから明らかになるだろう。

二〇一六年　八月十三日

幸福《こうふく》の科学《かがく》グループ創始者兼総裁《そうししゃけんそうさい》

幸福実現党創立者兼総裁《こうふくじつげんとうそうりつしゃけんそうさい》　大川隆法《おおかわりゅうほう》

岸田文雄外務大臣　守護霊インタビュー　外交　そしてこの国の政治の未来　目次

岸田文雄《きしだふみお》外務大臣　守護霊《しゅごれい》インタビュー
外交　そしてこの国の政治の未来

二〇一六年七月三十一日　収録

3

4

「霊言現象《れいげん》」とは、あの世の霊存在の言葉を語り下ろす現象のことをいう。これは高度な悟《さと》りを開いた者に特有のものであり、「霊媒現象《れいばい》」（トランス状態になって意識を失い、霊が一方的にしゃべる現象）とは異なる。

また、人間の魂《たましい》は原則として六人のグループからなり、あの世に残っている「魂のきょうだい」の一人が守護霊《しゅごれい》を務めている。つまり、守護霊は、実は自分自身の魂の一部である。したがって、「守護霊の霊言」とは、いわば本人の潜在《せんざい》意識にアクセスしたものであり、その内容は、その人が潜在意識で考えていること（本心）と考えてよい。

なお、「霊言」は、あくまでも霊人《れいじん》の意見であり、幸福の科学グループとしての見解と矛盾《むじゅん》する内容を含《ふく》む場合がある点、付記しておきたい。

岸田文雄《きしだふみお》外務大臣 守護霊《しゅごれい》インタビュー
外交 そしてこの国の政治の未来

二〇一六年七月三十一日 収録

岸田文雄《きしだふみお》（一九五七〜）

自由民主党の政治家。現・外務大臣。東京都生まれ。早稲田《わせだ》大学法学部を卒業後、日本長期信用銀行に勤務。一九八七年に自民党代議士の父・文武《ふみたけ》の秘書となる。父の死去に伴《ともな》い、地盤《じばん》であった広島から衆議院議員選挙に出馬し、初当選。以後八回連続当選。内閣府特命担当大臣、党国会対策委員長等を歴任。安倍《あべ》内閣では長期にわたり外務大臣を務める。党内では穏健派《おんけんは》を自認し、現・宏池会《こうちかい》会長。

質問者　※質問順

酒井太守《さかいたいしゅ》（幸福の科学宗務《しゅうむ》本部担当理事長特別補佐《ほさ》）

大川裕太《おおかわゆうた》（幸福の科学常務理事　兼《けん》　宗務本部総裁室長代理　兼　総合本部アドバイザー　兼　政務本部活動推進参謀《さんぼう》　兼　国際本部活動推進参謀）

大川真輝《おおかわまさき》（幸福の科学専務理事　兼　事務局長）

［役職は収録時点のもの］

1 「ポスト安倍《あべ》」の最有力候補・岸田《きしだ》外務大臣の守護霊《しゅごれい》を招霊《しょうれい》する

岸田外務大臣は日本政治で後継者《こうけいしゃ》になりやすいタイプ

大川隆法　実は、今日（二〇一六年七月三十一日）は東京都知事選の投開票日なので、みなさんの気持ちはそちらに行っているのではないかと思います（注。幸福実現党広報本部長 兼《けん》 財務局長である七海《ななみ》ひろこ氏が都知事選に出馬していた）。

ただ、現在の活動も大事ですが、中長期的に、「日本の政治」や「国際政治のなかでの日本のあり方」などについて考えておくことも大事なのではないかと思うのです。

当会は幸福実現党という政党を立ち上げており、選挙戦では他党との競争があるので、もしかすると、信者のなかには、「ほかの政党の方（の守護霊《しゅごれい》）を登場させるのはあまり好きではない」という方もいるかもしれません。

しかし、現在の幸福実現党の勢力から見れば、まだ時間がかかりそうです。そのため、直近、政権の中枢《ちゅうすう》におられる方々の考え方等を勉強して、学びを深める必要はまだまだあるのではないかと考えています。

そして、本日、私のほうで調べてみたいと思っているのは、現在、外務大臣をされている岸田文雄《きしだふみお》さんです。岸田外務大臣の守護霊にインタビューすることによって、「この人はいったい、どういう筋《すじ》の人なのか」、「考え方」、「器《うつわ》」、「物事の判断をどのようにする人なのか」などを、少し調べてみたくなりました。

というのも、官邸詰《かんていづ》め等のプロのジャーナリストたちの投票によれば、「ポスト安倍《あべ》」の最有力候補の一人が、この岸田外務大臣であるとのことだからです（注。二〇一六年七月十日放送、テレビ東京「TXN選挙SP 池上彰《いけがみあきら》の参院選ライブ」番組内で行われた政治記者アンケート）。一般《いっぱん》には、それほど人気が高いとも知名度が高いとも思えないのですが、意外に当たっているのではないかという感じが、私もしています。

岸田さんは外務大臣をされていますが、安倍（晋三《しんぞう》）首相が外交にすごく熱心なので、「安倍首相が外交で活躍《かつやく》しているように見えるように上手に演出しながら、淡々《たんたん》と支えている」という感じが見えるのです。

こういう人は、日本政治においては後継者《こうけいしゃ》になりやすいタイプでしょう。一方、自分がギラギラしていて、「外交は自分がやっているんだ」というような感じで、首相と張り合うように見せるタイプの人は、まず後継者にはなれません。

しかし、岸田さんは、自分が外務大臣であるのに、外務大臣の仕事といってもよいようなことを、首相である安倍さんがやっても、何も文句《もんく》を言わずに、空気のよ

先進７カ国（Ｇ７）外相会合の２日目に会見する岸田文雄外相。（2016年４月11日撮影）

うに寄り添《そ》っている感じに見せています。

このような、華《はな》を取らない感じのタイプの人が日本では後継者になりやすいので、プロ筋の読みは、ある程度、当たっているのではないかと思うのです。

もちろん、「ポスト安倍」には、石破《いしば》（茂《しげる》）さんや稲田《いなだ》（朋美《ともみ》）さんなど、ほかにも有力な方はいるでしょう。ただ、長期政権を狙《ねら》っているであろう安倍政権に、もし行き詰まりが来るとしたら、岸田さんが出てくる可能性は極《きわ》めて高いと考えています。

なお、近日中に内閣改造や自民党役員の改造があるかもしれません。幹事長をしていた谷垣《たにがき》（禎一《さだかず》）さんが事故を起こしているので、その延長上で何か変動がある可能性もあるでしょう（注。二〇一六年八月一日、安倍首相は谷垣氏の後任として、自民党幹事長に二階俊博《にかいとしひろ》総務会長を起用する方針を発表。同月三日には、第三次安倍第二次改造内閣が発足し、外務大臣に岸田文雄氏が留任した）。

そのあたりも含《ふく》めて、今日は、専門で長くやっておられる外務大臣の仕事を中心にしつつも、それ以外の、日本の政治や、これからの未来について、どのようなご見識を持っておられるのか、あるいは、「ポスト安倍」としての自覚を持っておられるのかどうかなどについて問うてみたいと思っています。

岸田氏守護霊に、この国の政治・外交のあり方を訊《き》く

大川隆法　なお、今日の質問者の一人である酒井《さかい》（太守《たいしゅ》）さんは、宗務《しゅうむ》本部のトップですが、広報局にいたこともあり、そのときには、岸田さんとも会って話をしていて、面識があるとのことです。また、早稲田《わせだ》の法学部の後輩《こうはい》でもあると思いますので、このあたりを突《つ》っ込《こ》んでみてもらってもいいかと思っています。

そして、私の次男の大川真輝《まさき》が、開成《かいせい》、早稲田の出身であり、岸田さんの後輩に当たりますので、一言《ひとこと》、ご挨拶《あいさつ》ならびに実力チェックをしてみたいところでしょう。

さらに、私の三男の大川裕太《ゆうた》は、まだ在学中ではありますが、東大の法学部で国際政治を専攻《せんこう》しており、藤原帰一《ふじわらきいち》ゼミのエース的存在です。そのため、今日は、藤

原帰一教授の〝代理〟として、外務大臣（の守護霊）に直球、変化球を投げていただいてもよいのではないでしょうか。

また、裕太は当会で、国際本部活動推進参謀《さんぼう》、および幸福実現党関連として政務本部活動推進参謀をしており、国際部門と政治部門の参謀を兼《か》ねているので、いろいろと訊《き》いてみたいことはあるだろうと思います。

なお、今は選挙戦の最中ですので、あまり持ち上げることはできないかもしれません。ただ、そもそも、岸田さんは淡々とした性格のようですので、それほどご機《き》嫌《げん》を取らなくてもいいような、感情にブレがそうこない方でしょう。ちなみに、ちょうど私の一年ぐらい年下の方かと思います。

（質問者に）それでは始めますので、よろしくお願いします。

内容としては、「外交・国際政治関連」、「今後、日本の政治が立ち向かうべきいろいろな課題について、どのような見識を持っておられるのか」、「どういう人柄《ひとがら》、人物なのか」、「次の宰相《さいしょう》候補として適性のある方なのかどうか」ということになるでしょう。

あるいは、余力あらば、幸福の科学や幸福実現党に関して、自民党もいろいろな見解をお持ちだろうと思うので、ご本人は個人的にはどう思っておられるのかなど、そのようなことも聞けたら幸いかと考えています。

では、お呼びします。

（合掌《がっしょう》し）それでは、岸田文雄外務大臣の守護霊をお呼びいたしまして、そのご見識について、お伺《うかが》い申し上げたいと思います。

岸田文雄外務大臣の守護霊よ。

岸田文雄外務大臣の守護霊よ。

どうぞ、幸福の科学に降りたまいて、われらに、この国の政治・外交のあり方について、方向を指し示したまえ。

岸田文雄外務大臣の守護霊よ。

岸田文雄外務大臣の守護霊よ。

どうぞ、われらの前に現れて、そのお考えを明らかにしたまえ。
ありがとうございます。

（約十五秒間の沈黙《ちんもく》）

2 「ポスト安倍《あべ》」に向けての本心を訊《き》く

突然《とつぜん》の招霊《しょうれい》に慌《あわ》てて〝情勢分析《ぶんせき》〟をする岸田氏守護霊

岸田文雄守護霊　（周囲をしきりに見回して）うーん、ああ、はい。

酒井　おはようございます。

岸田文雄守護霊　はい。はい。はい。

酒井　岸田外相の守護霊様でいらっしゃいますか。

岸田文雄守護霊　ああ、何だろう、何だろね？　ええ……、何か不思議な感じが……。

酒井　不思議ですか。

岸田文雄守護霊　うーん。

酒井　守護霊様ですよね？

岸田文雄守護霊　うん、そうです。不思議……、何、何、何だこれ？　何だ、何ですか？　これねえ。

酒井　いや、守護霊様は、いろいろと行きたいところに行けるのではないですか？

岸田文雄守護霊　いや、そうですけど。いや、いや、これ、どこなんだ、ここ。

酒井　ここは幸福の科学なのですけれども。

岸田文雄守護霊　ああ、ああ、そうですかあ。

酒井　以前、（岸田氏本人が）二〇〇九年に幸福の科学の東京正心館《しょうしんかん》へ訪ねてこられましたよね？

岸田文雄守護霊　ええ、ええ、ええ。

酒井　あのときは、自民党の団体総局長ということで、他団体との連携《れんけい》を図《はか》る責任者をされていたはずなのですが。

岸田文雄守護霊　ええ。

酒井　お久しぶりでございます。そのときに、私はお会いしておりますので。

岸田文雄守護霊　いやあ、何だか、あれ？　いやあ、そう……、待てよ？

酒井　何か、今、別のことをされていましたか？

岸田文雄守護霊　いやあ、いやいやいやいやいや。今は、ちょっと〝情勢分析《ぶんせき》〟をしているところだから。

酒井　〝情勢分析〟ですか（笑）。

岸田文雄守護霊　これ、どういうことなのかなあ、と思って。これ、どうやって……。

酒井　ああ。

岸田文雄守護霊　どう、どう、どういうことに、これはなるんでしょう？

酒井　こちらは幸福の科学なのですけれども、それはご存じですか。

岸田文雄守護霊　ああ、はいはい。分かりました。

面談の前には〝アンチョコ〟を用意しておく必要がある

酒井　今、大川隆法総裁のお話は聞かれていましたか？

岸田文雄守護霊　ああ、ああ、ああ。何か、ご紹介《しょうかい》にあずかったような感じは、ちょっと……。

酒井　ええ。本日は……。

岸田文雄守護霊　いや、呼び出されたからね、ボーンと（両手を勢いよく胸に引き寄せるしぐさをする）。

酒井　ボーンと？

岸田文雄守護霊　なんか、もう、何百キロも呼ばれて。

酒井　なるほど。

岸田文雄守護霊　いや、もうキューーッと、何か、凧《たこ》でも手繰《たぐ》るように呼ばれたので。

酒井　ああ……、そうですか。

岸田文雄守護霊　ちょっと、いったい何事が起きたか、これ。

酒井　今、海外にでも行かれていましたか。

岸田文雄守護霊　いやあ……、いやあ、いやあ、いやあ。スケジュールに基《もと》づいて動きますので、あの、スケジュールで聞いてなかったので、これは……。

酒井　守護霊様も、やはり、スケジュールで動かれるのでしょうか。

岸田文雄守護霊　ええ。スケジュールで……。いちおう秘書がスケジュールをつくってますので、外務大臣としては、面談する場合に、やっぱり、いちおう事前の、その……。

酒井　ああ、心構えが？

岸田文雄守護霊　打ち合わせと、その、何て言うの？　〝アンチョコ〟が必要ですから。

酒井　アンチョコが。守護霊様は、まさかアンチョコを読んではいませんよね？

岸田文雄守護霊　ああ、「こういうふうに訊《き》かれたら、こういうふうに答えてください」っていう、これはいちおう……。

酒井　ああ、ああ。

岸田文雄守護霊　いちおう、下の、外務省の人が……。

酒井　（笑）そうですか。

岸田文雄守護霊　いちおう書いて、「こういうふうに言ってください」っていうのが、普通《ふつう》は来るん……。

酒井　それが、「今日はない」ということですね？

岸田文雄守護霊　いやあ、いきなり来たからさあ。

酒井　ええ。

岸田文雄守護霊　これ、地《じ》が出ちゃうじゃないですか。それ、まず、まずいじゃない、それは。（モニター画面を見て）テレビに映ってるじゃないですか。あれ、まずいじゃないですか、なあ。あれ。これ。

酒井　いや、それは守護霊様なので。

岸田文雄守護霊　これ、録《と》って、売り出したりするんじゃ……。

酒井　テレビではありませんが。

岸田文雄守護霊　え？　あ？　売り出すんじゃないでしょうね？　今、ちょっと、都知事選をやってると思うんですが……。

酒井　はい。

岸田文雄守護霊　この、私の霊言《れいげん》をやって、「中身がない」のをばらして、〝次の芽《め》を潰《つぶ》す〟とか、そういう、悪い計略があったり……。

酒井　いや、そんなわけはありません（笑）。そこは、守護霊様、頑張《がんば》ってください。普通、守護霊様に台本の……。

岸田文雄守護霊　いや、天皇陛下《へいか》でも〝一カ月ルール〟があって、一カ月前から聞いてなきゃいけないいけど、外務大臣も、一カ月ルールとは言わないけれども、やっぱり〝二週間ルール〟ぐらいはありましてね。

酒井　なるほど。

岸田文雄守護霊　要人と会うときは、だいたい二週間ぐらい前には準備しないといけないので。外務次官あたりがですね、基調《きちょう》スピーチの原稿《げんこう》を書いてくれてないといけないんですよ。うん。

外務大臣としての歴代在任期間が第三位に至った理由

酒井　ただ、あなた様は、政治記者から「ポスト安倍《あべ》」の〝ナンバーワン〟ということで選ばれていますので。

岸田文雄守護霊　とんでも、とーんでもない！　とーんでもない。そんなことない。

酒井　今、お怪我《けが》をされている谷垣《たにがき》さんも上回って……。

岸田文雄守護霊　いや、いや。いやいやいやいや、それは言った瞬間《しゅんかん》にね、「ポスト安倍」から消えるんですよ。これが、この世界なんですよ。

酒井　いや、ただ、池上彰《いけがみあきら》さんの番組では、そのアンケート結果を聞かれて、思わず喜んでいらっしゃいましたよね？

岸田文雄守護霊　いやいや、そん……、そんなのはとんでもない！

酒井　（笑）

岸田文雄守護霊　もう、もう、めっそうもない！

酒井　（笑）「普通は、こういうときは喜ばないんですけどね」というようなことを言われていましたけれども。

岸田文雄守護霊　まった、まった、めっそう、めっそう！　めっそうもない。それは、ほんとに言った瞬間にねえ、もう〝消される〟んです。

酒井　そうなんですか。

岸田文雄守護霊　閣外追放になるので、絶対、言っては駄目《だめ》です。それは駄目です。もうほんと、ただただねえ、「先輩《せんぱい》のお慈悲《じひ》を待つ」。これ、これ！

酒井　ただ、第二次安倍内閣からの閣僚《かくりょう》で残っている人はたったの三人です。

岸田文雄守護霊　有能な人は（閣外に）出されますからね。

酒井　途中《とちゅう》の改造内閣も含《ふく》めますと、菅《すが》（義偉《よしひで》）さん、麻生《あそう》（太郎《たろう》）さんと岸田さん。この三人だけなんですよね。

岸田文雄守護霊　いや、だから、それはね、「寝首《ねくび》を掻《か》かないタイプ」だと思っているからでしょうな。

酒井　外相在任期間は歴代第四位（収録当時）ですよ。

岸田文雄守護霊　ああ……。ほんとねえ、日本はね、能力のない人が長くやれるようになっとるんですよ。だから、あなたも長くやってるっていう話じゃないですか。

酒井　いやいや、そんなの関係ないじゃないですか（笑）。

岸田文雄守護霊　いやあ、失礼しました。

酒井　もし、岸田さんがこのまま留任したら、安倍首相のお父さん（故・安倍晋太《しんた》郎《ろう》氏）の在任期間も抜《ぬ》きますからね。

岸田文雄守護霊　ああ……。

酒井　歴代第三位の外相なんです。

岸田文雄守護霊　いや、それは、まったく考えない。まったく、もう考えてませんので。まったく考えておりませんので。

酒井　ただ、「ポスト安倍」とも言われているあなた様にですね、今日は……。

岸田文雄守護霊　あっ、とんでもないですよ。いや、小泉進次郎《こいずみしんじろう》さんなんかのほうが人気は高いですから、出られるんじゃないですか。

ウナギのように穴のなかに隠《かく》れているのがいちばんいい

酒井　これからの国家ビジョン、今の専門である外交、あるいは、安保《あんぽ》、経済といったものを、今日は……。

岸田文雄守護霊　いや、私の本なんか出したって、知名度はたぶん一パーセントないからねえ、売れないっすよ。

小泉進次郎さんの守護霊（霊言）を録ったら、バーッと売れますよ。

酒井　売れる売れないは別にして、あなた様の考え、「ポスト安倍」として、これから本当に総理を狙《ねら》っていくのか、あるいは、なった場合……。

岸田文雄守護霊　いや、あのねえ、ウナギみたいに、谷の穴のなかに隠《かく》れているのがいちばんいいんですよ。

酒井　なるほど。

岸田文雄守護霊　だから、引きずり出されるってのは、危険な……、ミミズに食いついて出てきたウナギみたいな。

酒井　ただ、よくしゃべりますね。

岸田文雄守護霊　（約三秒間の沈黙《ちんもく》）そう言われると、しゃべらないようにしないと……。

酒井　いや、以前、ご本人が私と会ったときには、ほとんど何もしゃべらなかったですよ。

岸田文雄守護霊　（約三秒間の沈黙）危険な立場にあるということを、今、おっしゃって、警告されて……。

酒井　いやいやいやいやいや。表面のあなた様は、非常におとなしく……。

岸田文雄守護霊　いや、今、驚《おどろ》いてる。だからね、減点主義ですからね、しゃべって減点を出すよりは、何もしゃべらないほうがいいんですよ。

酒井　いや、早稲田《わせだ》は、そんな減点主義ではないじゃないですか。

岸田文雄守護霊　いや、早稲田ったって、私は純粋《じゅんすい》な早稲田じゃありませんので。

酒井　ああ、そうですね、はい。

岸田文雄守護霊　うん。〝モグリ〟の早稲田ですから、本来、早稲田ではないのが、稲穂《いなほ》を背負って歩いとるようなものですので。

酒井　長銀《ちょうぎん》に入られましたので。

岸田文雄守護霊　ええ。だから、本来ねえ、本当に、親の期待に応《こた》え切れず、申し訳ない、早稲田なんで。

酒井　分かりました。

日本外交の指針「岸田ドクトリン」とはどんなものか

酒井　それでは、最初に、外交のあたりからお話を聞きたいと思っているのですが。

岸田文雄守護霊　ああ、はい、お手柔《てやわ》らかに。

酒井　ええ。こちらにも専門がおりますので。

岸田文雄守護霊　（大川裕太に）あっ、いいネクタイされてますね。

大川裕太　はい、ありがとうございます。

岸田文雄守護霊　センスがいいですねえ。

大川裕太　ありがとうございます（笑）。今日はご降臨《こうりん》くださり、ありがとうございます。

　岸田外務大臣は、二〇一二年の第二次安倍内閣から、外務大臣をずっと務めていらっしゃるということで、中国やロシア、あるいは韓国《かんこく》と、安倍政権が際《きわ》どい外交を繰り返していくなかで、岸田さんも綱渡《つなわた》りのようにして交渉《こうしょう》に臨《のぞ》まれてきたかと……。

岸田文雄守護霊　綱渡り。うん。

大川裕太　駆《か》け引きのように臨まれていたことかと思います。

（写真右）およそ３年ぶりに開催された日中韓外相会議でグループ撮影をする（左から）岸田文雄外相、韓国の尹炳世《ユンビョンセ》外相、中国の王毅《おうき》外相。（2015 年３月 21 日撮影、韓国・ソウル）
（写真左）１年７カ月ぶりとなる日露外相会談後の記者会見で握手をするロシアのラブロフ外相と岸田文雄外相。（2015 年９月 21 日撮影、ロシア・モスクワ）

岸田文雄守護霊　うん、ああ、ああ、ああ。

大川裕太　外務大臣としては、失点も出してはいけないし、ただ、軟弱《なんじゃく》に行きすぎてもいけないし、というところで、たいへん厳しい修羅場《しゅらば》をくぐり抜けてこられたのではないかと思いますけれども。

岸田文雄守護霊　いや、そんなことないよ。〝振《ふ》り付け〟どおりやってるだけ、ハハハ（笑）。上に乗ってる人は、もう〝透明《とうめい》〟で〝空《から》っぽ〟なほど、みんな喜ぶので、人気が高くなるんですよ、外務省では。上がね、「見解」を持っていると危険なんです、とってもね。下の無名の人たちがね、大勢で集合して意見をつくってくれるので。

大川裕太　日本の外交の指針について、「岸田ドクトリン」とか……。

岸田文雄守護霊　岸田ド……（苦笑）。

大川裕太　そういうものが何かあったりはするのでしょうか。

岸田文雄守護霊　「岸田ドクトリン」ねえ。「吉田《よしだ》ドクトリン」と比べると、なんか、強そうな感じはしますけどね。

いや、安倍さんをさておいて、「岸田ドクトリン」はないでしょう。

大川裕太　そうですか。

岸田文雄守護霊　それはないでしょう。安倍さんのご指示どおり、やっぱり、やるしかないので、ええ。

大川裕太　安倍さんの指示というのは、普段からけっこう具体的に出ているのでしょうか。

岸田文雄守護霊　うん。外交に関しては、よく、意見の交換《こうかん》というか、ご指示は仰《あお》いでおりますし、こまめには報告は入れておりますので。

大川裕太　なるほど。

岸田文雄守護霊　「岸田ドクトリン」なんて、そんないいものはありません。ええ。

「岸田氏は、実は外交が上手《じょうず》である」という見方

大川裕太　外交官という類型に外務大臣を入れてしまうと、ちょっと変になるかもしれませんけれども、岸田外務大臣を見ていて思い出すのが、ニコルソンという方の書いた『外交』という本なのですけれども。

岸田文雄守護霊　ああ、ありましたねえ。ありました。

大川裕太　そこには、「有能な外交官の条件」として七つの条件が書かれていて、「誠実さ、正確さ、謙虚《けんきょ》さ、平静心、忍耐《にんたい》強さ、よい機嫌《きげん》、忠誠心」等の条件が挙げられていますけれども、それを読んでいて、

ハロルド・ニコルソン（1886 ～ 1968）
イギリスの外交官。オックスフォード大学を卒業した後、イギリス外務省に入省し、1929 年まで勤務する。1935 年から 1945 年までイギリス下院議員を務めた。著書に『外交』など。

岸田外務大臣はこの条件にすべて当てはまっていらっしゃるなと思いまして（笑）。

岸田文雄守護霊　そんな、お世辞の仕方って、何？　藤原《ふじわら》（帰一《きいち》）さんが教えてるの？

大川裕太　いえいえ、そんなことはないですけれども（笑）。

岸田文雄守護霊　ええ？

大川裕太　外交官と外務大臣はまた、ちょっと違《ちが》うかもしれないのですけれども、岸田外務大臣は、前任者たち、例えば、田中眞紀子《たなかまきこ》さんのような、自己主張の強い方々と比べると、実は、外交が非常にお上手《じょうず》な方なのではないかと思っております。

岸田文雄守護霊　いや、そんなことはないです。たまたま、その、ニコルソンの『外交』っていう本がありますね。東大UP《ユーピー》選書か何かですか。

大川裕太　そうですね。

岸田文雄守護霊　なんかから出てるやつでしょう？　いやあ……、その外交官に合わせた適性をつくろうとしているよりは、「開成流《かいせいりゅう》」なんですよ、やってるのは。もう、開成の卒業生が守っているルールを守っているだけなんです、はい。（大川真輝に）分かりますよね？

外交では出身校・開成《かいせい》高校野球部と同じ戦い方をしている？

大川真輝　おはようございます。私は岸田大臣の出身高校（開成高校）の後輩でもありますし、大学（早稲田大学）の後輩でもあるのですけれども、大臣も通われた高校の校舎が、老朽化《ろうきゅう》が進んだということで、新校舎がつくられる計画が今進んでおりまして……。

岸田文雄守護霊　「お金くれ」って言ってるんじゃないのか。

大川真輝　創立百五十周年記念ということで、ちょうど寄付を募《つの》っているところらしくてですね（笑）。

岸田文雄守護霊　そう、そう、そう、そういうのはちょっと、私のところじゃなくて、財務省のほうに……。

大川真輝　はい（笑）。大臣は（開成高校時代に）野球部だったとお聞きしています。

岸田文雄守護霊　いや、そんなの、言えば言うほど、なんか頭の中身がないように見えるじゃないの。

大川真輝　いえいえ。チームがすごく弱かったがために、試合のたびにひどい目に遭《あ》っていたと言われていたのですが。

岸田文雄守護霊　谷垣（禎一《さだかず》）さんみたいに聞こえるね。なんかね、ちょっと雰囲《ふんい》気《き》的に、こう。

大川真輝　でも、最近はちょっと強くなっておりまして。

岸田文雄守護霊　ああ、なったの。

大川真輝　「弱くても勝てます」（日本テレビ。二〇一四年放送）というドラマは、実は、開成の野球部が主題になっておりまして、頭を使った練習システムを組み立てたりしながら、今、少しずつ強くなってはいるところでして。

岸田文雄守護霊　いや、外交もそんなもんっすよ。うん、うん。弱くても、まあ、「勝てないけど負けない外交」を心掛《こころが》けておりまして、チームプレー、組織プレー。飛び出しすぎないように、個人プレーは差し控《ひか》えて、組織として持ち堪《こた》える外交を、基本的にはしておりまして、開成野球部によく似た戦い方をしています。

噂《うわさ》される党幹事長への就任に対しては慎重《しんちょう》姿勢？

大川真輝　もともと大臣は、外相になられる前は主に「内政」のほうの畑で来られ、外務大臣になられてから「外交」のほうに入っていかれたと思うんですが。

岸田文雄守護霊　うーん、政治という意味では、そんなに変わらないんですけどね。日本の国益が何かを分からなきゃ、外交はできませんからね。国内の政治も、まあ、一緒《いっしょ》ですけどね。

大川真輝　はじめに、酒井さんのほうからもあったと思うのですけど、今、なぜ、岸田大臣が注目を集めているかと言いますと、自民党の幹事長ポストが八月三日の内閣改造に伴《ともな》って、谷垣さんから岸田大臣に交代するんじゃないかという憶測《おくそく》が流れていまして。

岸田文雄守護霊　そんなね、そんなに欲を見せたらね、危険ですよ。谷垣さんにしっかり回復していただかないとねえ。

大川真輝　外務大臣はもうそろそろ辞《や》めて、将来の総理を意識して党三役に入りたいような気分でいらっしゃるという噂《うわさ》が、ちらほらと漏《も》れてきているんですけれども。

岸田文雄守護霊　そういうのは、漏れるとまずいですねえ。

大川真輝　（笑）

岸田文雄守護霊　それは、よくないっすね。いや、谷垣さんが劇的に回復されることを、現時点では祈《いの》っております。

大川裕太　でも、幹事長の後継者《こうけいしゃ》と目《もく》されていらっしゃるのは……。

岸田文雄守護霊　まあ、いずれそういうこともあるかもしれませんが、「自分から望んで」ということはありません。そういうことはありません。

大川裕太　自民党のなかで最有力派閥《はばつ》の一つである宏池会《こうちかい》の会長でいらっしゃいますが、宮澤《みやざわ》さん以降、首相が宏池会から出ていないので、宏池会としては、これから幹事長なり首相なりを輩出していきたいところだと思うのですが、そういう点についてはいかがでしょうか。

岸田文雄守護霊　いや、もう、安倍さんがやりたいところまでやらせてあげて、それでピッチャー交代、どうしてもマウンドを降りると。打ち込《こ》まれてどうしようもないっていうときに、場合によっては回ってくることもあるかなあと。九回裏ツーアウトで、「一球投げろ」というのが回ってくるかもしらんなあぐらいの感じです。

大川真輝　伝え聞くところによれば、宏池会の後輩から、「幹事長職、来るんじゃないですか」というふうに言われて、ちょっと御気分がよろしいようであると（笑）。

岸田文雄守護霊　いや、そ……。

大川真輝　「君たちはそういうふうに言って機嫌をよくさせていくけど、八月三日になったら、また、どん底に突《つ》き落とされるんだ」みたいな言葉をおっしゃっていたと。

岸田文雄守護霊　いや、そらねえ、長い……、長くもないけど、五十九年の人生で感じたことはね、やっぱり、「希望したことはなかなか叶《かな》わないものだ」ということ。これはよく分かったので。「希望しないでいると、意外に漂流《ひょうりゅう》して、島に辿《たど》り着いたりすることもあるものだ」っていうことですかね。だから、とにかく安倍さんよりも才能が立ってるように見えては駄目だということを、石破《いしば》（茂《しげる》）さんを見て、よーく感じましたので、ええ。

大川裕太　石破さんは、わりあい露骨《ろこつ》に安倍さんへの批判、あるいは、自分のポストについての不満も口に出されると思うのですけれども、岸田さんからはそういったものがあまり出てこないような……。

岸田文雄守護霊　いやあ、それは、出しちゃいけない、出しちゃいけない。

石破さんは、それをやって、「勝負を挑《いど》んだから干《ほ》されている」と思うし、小池百合子《こいけゆりこ》さんなんかも、結局、ちょっとね、自分の個性が立ちすぎるんで

衆院本会議で国家戦略特区法改正案の趣旨説明をする石破茂地方創生担当相（当時）。（2016年4月14日撮影）

就任後初の定例会見を行う小池百合子・東京都知事。（2016年8月5日撮影）

「使いにくい」んだよね。だから、外務大臣とかでもやってみたいだろうけど、そうしたら、安倍外交と違うことをやりたがるだろうから、やっぱり、そういうのは使いにくいよね。

酒井　安倍人事のなかで、一部には、「幹事長を受けると、これは総理の道がなくなる作戦でもあるのではないか」と……。

大川真輝　おそらく、次の自民党幹事長に求められる仕事が〝党則改正〟のところで、安倍さんが東京オリンピックまで首相をできるようにするために、任期延長や三選可能といった党則改正の話と、あとは、「国政選挙五連勝」のところで安倍さんのお膳立《ぜんだ》てをするための仕事が回ってくるんじゃないかと思われます。「ポスト安倍」の時代が遠のく仕事をしなければならないかもしれません（注。八月三日、新幹事長となった二階俊博《にかいとしひろ》氏は、「三期九年」を念頭に置いた自民党総裁の任期延長の党則改正構想を語った）。

岸田文雄守護霊　だから、そのねえ、ある程度、安倍さんのバックアップをするような立場にいつつ、かすかに距離《きょり》を取らないといけないんですよね。ベッタリだと、一緒に共倒《ともだお》れもあるから、ちょっとは距離を取らないといけないのね。

だから、石破さんなんかも、今、たぶん、「閣内か、閣外か」で揉《も》めてるころだろうと思いますけれども、距離を取ったほうが次の総理になれる場合もありますしね。非常に難しいところなんですよね。

私はね、若干《じゃっかん》、ここ一番で優柔不断《ゆうじゅうふだん》なところがございましてね。決めかねるところがあるので、日本的には和の精神で、それでいいんですけどね。まあ、みんな、盛り立ててくれて、「そう言うんだったら、そうしようか」っていうのも、一つのあり方ではあるんですが。

まあ、私は総理になっても、また、福田《ふくだ》さんの息子《むすこ》さん（福田康夫《やすお》氏）のような感じに、たぶんなるだろうから、あんまりキャラが立たないタイプの総理で、つなぎ役みたいな感じの総理にしかならないので、〝棚《たな》ぼた〟を待つしか……。基本戦略は〝棚ぼた〟ですね。

3 「岸田ドクトリン」で国を護《まも》ることはできるのか

対中関係には「ゼラチン状のグニャグニャした外務大臣が必要」

酒井　先ほどは、裕太さんから「岸田ドクトリン」という質問がありましたけれども、ドクトリン、あるいは、何か方針は……。

岸田文雄守護霊　あ、何もありません。

酒井　え？

岸田文雄守護霊　何もありません。それは、安倍《あべ》さんと、私よりも優秀《ゆうしゅう》な外務省官《かん》僚《りょう》の意見との合成によって出来上がって、私は……。

酒井　国会議員になった理由は何ですか。

岸田文雄守護霊　いやあ、父（岸田文武《ふみたけ》氏）が死んだから、ええ。

大川裕太　なるほど。

でも、岸田さんが外務大臣になられたときの理由としては、安倍さんがタカ派、右翼《うよく》的に出てしまうのに対して、岸田さんは宏池会《こうちかい》ということもあり、自民党のなかでは親中派、あるいは、ハト派と言われる流れに位置するので、岸田さんを外務大臣に置くことによって、中国に対していい顔をするというか、安倍さんがあまりにタカ派に見えすぎないようにバランスを取るという……。

岸田文雄守護霊　そうなんです。だから、私と谷垣《たにがき》さんと、二人がね、ちょっと中国に対して〝優《やさ》しい〟ように見せる、まあ、そういう役割だったのかなあとは思いますけどね、きっとね。

大川裕太　ただ、個人的に拝見している感じでは、それほど、中国に対して一人だけ親切にやっているという雰囲気《ふんいき》には見えておりません。

岸田文雄守護霊　いや、そんなことはないです。やっぱりね、日本全体、護送船団ですから、一緒《いっしょ》に動かなければいけませんので、一人だけで何かを強く主張するっていうことは、それは、基本的にありませんわね。

大川裕太　それから、「集団的自衛権の行使容認については賛成」という考え方であったと思うのですけれども、「日本の核《かく》装備については慎重《しんちょう》に考えたほうがいい」

ともおっしゃっています。

岸田文雄守護霊　やっぱり、外務大臣には、ぶつかるようなのはちょっと……。中国ともぶつかるけど、それと同時にですね、連立してる公明党とも外交のところで意見がずれる可能性もあるので。あまり強い〝キャラ〟が出すぎて、安倍さんをさらにタカ派化したような外務大臣がいると、公明党との連立のところにも亀裂《きれつ》が入って、創価学会《そうかがっかい》のほうが、だいたいそっぽを向き始めるし、中国との関係もまた悪くなるので。

そういう何と言うか、「ゼラチン状のグニャグニャしたような外務大臣」が必要なんじゃないですかねえ。

オバマ大統領の広島訪問が実現に至った裏事情を明かす

大川裕太　この前も、オバマ大統領が岸田外務大臣の地元である広島へ慰霊《いれい》に行かれましたけれども。

岸田文雄守護霊　ああ、ええ、ええ。

大川裕太　広島ご出身ということで、岸田さんの強い思いがあったのかなという気もするのですけれども、特にそういう雰囲気は見られなくて、オバマさんのほうが強い意志を持っているという……。

岸田文雄守護霊　それは、主体性はオバマさんのほうにありますから。

大川裕太　はい。

岸田文雄守護霊　アメリカの大統領が広島に来てくださるかどうかなんて、日本のほうで強引《ごういん》にできるはずがありませんので、向こうがその気にならないかぎり不可能なことですので。

だから、「それ（広島訪問）を何も悪用しませんよ」というような感じの、「オバマさんが広島に来たということで、『これで謝罪したんだ』みたいな感じで、日本のほうが宣伝に使ったりしませんよ」というような感じの下工作《したこうさく》みたいなの、これをするのが外務省の仕事で。やっぱり、「いい機会かどうか」は、それは向こうが主体ですので、「（オバマ大統領を広島に）行かせることはできた」っていう、そういう下準備のところをうまく上手にやったあたりが、黒子《くろこ》としてほめられるべきところかなあ。うん。

それを、「連れて行って、そこで謝罪させる」とか、もし外務大臣が言ったりしたら、それでもうパーになりますから。

岸田文雄外相（右端）から原爆ドームの説明を受ける米国のバラク・オバマ大統領（中央）と安倍晋三首相。（2016年5月27日撮影）

だから、さっき「しゃべらない」と言ったけど、「余計なことをしゃべらない」ということも、すごく大事なことなんですよね。ええ。

大川真輝　なるほど。

もしも岸田氏が首相になったらどうなるか

大川真輝　霊言《れいげん》を頂いている意義といたしまして、やはり、ご本人の政治的スタンスを明らかにしていただくというのが、いちばん大きいのかなあと……。

岸田文雄守護霊　うん。なるほど。それは……、それは……、藤原帰一《ふじわらきいち》さんだって、〝ごまかす〟のが仕事……。

大川真輝　（笑）分かりました。

岸田文雄守護霊　だから、私だって、外務大臣としてごまかさなきゃ……。

大川裕太　（笑）いえいえ。

大川真輝　先般《せんぱん》、高坂正堯《こうさかまさたか》先生の霊言（『元・京大政治学教授　高坂正堯なら、現代政治をどうみるか』〔幸福の科学出版刊〕参照）を、実は、幸福の科学の総合本部のほうで……。

岸田文雄守護霊　ああ、ああ、ああ、ああ。高坂さんかあ……。

自民党のブレーンとして活躍した保守の論客が、リアリズムの視点から日本の危機と近未来を予測する。
『元・京大政治学教授　高坂正堯なら、現代政治をどうみるか』
（幸福の科学出版刊）

大川真輝　はい。ご収録させていただきまして、そのとき……。

岸田文雄守護霊　あの人、責任ないからね。

大川真輝　ああ（笑）、もう、あの世に還《かえ》られていますので。

岸田文雄守護霊　何にも責任ないから。私はね、私だって、それはあの世の存在なんだろうが、本人と今は〝連結〟してるからね。

だから、私が大きな赤字をつくったら、本人が負債《ふさい》を背負うことになるから、守護霊としては非常に緻密《ちみつ》な仕事を要求されているので。

大川真輝　そこで、高坂先生の霊から、「岸田大臣が首相になられたら、安倍総理よりも、もっと親中派の政権が出来上がるんじゃないか」と……。

岸田文雄守護霊　高坂さんがそんなことをおっしゃったの？

大川真輝　はい。おっしゃっていまして。

岸田文雄守護霊　へえ……。亡《な》くなってから二十年にもなるのに。もう、余計なことを考える必要ない……。

大川真輝　（笑）ええ。そこで、岸田大臣の潜在意識より来る本来のスタンスとして、中国に対する思いなど、実際にどういう思想性を持っておられるのかをお訊《き》きしたいと思うんですけれども。

岸田文雄守護霊　なるほど。それを追及《ついきゅう》しますか。

私はねえ、やっぱり、「野球は九人でやるものだ」と思っとるんですよ。だから、アジアでね、九人、野球選手を選んでね、チームで相談してね、みんなで決められたらいいなあと思ってるし。

いきなり戦争なんかにならないように、やっぱり、サインプレーを決めとかなきゃいけないなと。サインを決めて、「こういう場合、どうする」っていうサインプレーをして、上手にやらなきゃいけないなと思ってる。

「突如《とつじょ》、何かが起きる」というようなことは、あんまりいいことではないんじゃないかなあ。うん。

大川真輝　最近、東シナ海上空でスクランブル発進した日本の空自機に対し、中国軍の戦闘機《せんとうき》が攻撃《こうげき》動作を仕掛《しか》けてきたというのがありましたね。

岸田文雄守護霊　うん。うん。まあ、それは「逃《に》げるしかない」でしょうねえ。

大川真輝　（苦笑）（会場笑）

岸田文雄守護霊　基本的に、逃げないと、どうしようもないでしょう。

大川真輝　ロックオンされたんですよ。

岸田文雄守護霊　だから、もう、逃げれるだけ逃げるしかないでしょう。とにかく、逃げる姿勢を見せたら、向こうが諦《あきら》めてくれると助かるじゃない。

大川真輝　もう、レーダーで捉《とら》えられて、ロックオンされて撃《う》たれれば、墜落するような状況《じょうきょう》ですよ。

岸田文雄守護霊　そうなんです。だから、日本の方向に逃げると。自衛隊機が逃げさえすれば、それは、「逃げるやつを撃ち落とした」となったら、何か、向こうも少し〝ギルティ（罪）〟な感じがするじゃないですか。何かね。

大川真輝　うーん。

岸田文雄守護霊　だけど、「向かってくる」っていうんだったら、向こうが（ボタンを）押《お》したら、（こちらは）もう終わりですからね。だから、それは「逃げろ」と、「いち早く逃げろ」と。「とにかく、ロックオンされたら逃げろ」と。これは、外務大臣として、当然、言うべきことでしょうね。これが「岸田ドクトリン」。

大川真輝　うーん（苦笑）。

安倍《あべ》首相の〝クッション〟として「弱く」するのが仕事

大川真輝　そうしますと、やはり、宏池会のハト派の流れをかなり強く汲《く》んでおられるように感じるのですが……。

岸田文雄守護霊　いや、流れは汲んではいないけども、宮澤喜一《みやざわきいち》さんであっても、まあ、同じでしょ？

大川真輝　うーん。

岸田文雄守護霊　たぶんね。「やはり、逃げるべきだ」っていう……。

大川真輝　例えば、岸田大臣のちょうど直属の先輩《せんぱい》で、今、宏池会の名誉《めいよ》会長である古賀誠《こがまこと》さんという方がおられるじゃないですか。

岸田文雄守護霊　うん、はい。はい、はい。

大川真輝　あの方はそもそも安保《あんぽ》法制に反対しておられますよね。集団的自衛権の行使も反対……。

岸田文雄守護霊　うーん。安倍《あべ》内閣にいる以上、ちょっとそれは、ストレートにどうこうは言えませんね。ええ。

大川真輝　岸田大臣としては、そのあたりのことに対する国防のお考えは、どうなっておられるんでしょうか。

岸田文雄守護霊　いやあ、それは……、まだトップになったことがないから、なってみないと分かりませんけど。うーん……。安倍さんが「強すぎ」たら、ちょっと間に入って、少し〝クッション〟にして「弱く」するのが、私の仕事だし。安倍さんがあんまり、こう、げんなりして弱気になってたら、「いや、そんなことはありませんよ」と。「もうちょっと、少し強く言うぐらいのことはできますよ」ぐらい、まあ、そのへんのバランスを取るのが私の仕事で。何と言うか、うーん、公明党のね、代表をしてるあの人……、うん。

大川裕太　山口那津男《やまぐちなつお》さんですか?

岸田文雄守護霊　うん。なんかと似たようなあれだと思いますね。何か、酒盛《さかも》りするときに、ちょっと出し物をして場をつなぐような、そんな感じなんじゃないですかね。

大川裕太　なるほど。それで、岸田さんは「先輩からとても気に入られる後輩タイプ」と、よく言われていて、それで、宏池会会長の古賀さんから、「次はおまえだ」ということでもらったというようなことも聞いております。

岸田文雄守護霊　とにかく、日本ではですね、自分が得意な領域で、自分より目立つ人を後継者《こうけいしゃ》に指名するっていうことは、日本の政治ではないんですよ。基本的にはないので、ええ。はい。

4　慰安婦《いあんふ》問題「日韓《にっかん》合意」の〝裏事情〟とは

「元従軍慰安婦」と名乗る人たちが亡《な》くなるのを待つのが「基本戦略」

大川真輝　それでは、今、中国の話を頂いたので、次は韓国《かんこく》について頂きたいと思うんですが……。

岸田文雄守護霊　ああ。ああ、はい、はい。うん、うん……。

大川真輝　ちょうど昨日《きのう》、一昨日《おととい》ぐらいの新聞報道によると、昨年（二〇一五年）十二月の日韓合意に基《もと》づいて、韓国がやっと慰安婦《いあんふ》財団を設立して、八月中あたりに、日本から財団の運営資金として十億円が振《ふ》り込《こ》まれることが決まりました。

この日韓合意というのは、どちらかというと、従軍慰安婦の存在を認め、強制性もある程度認めるようなものだったかなあと思うんですね。

その前提にあるのは、やはり、一九九三年の「河野《こうの》談話」、その前の九二年に宮《みや》澤《ざわ》（喜《き》一《いち》）さんが訪韓に前後して謝罪をしたあたりの歴史認識ですよね？

岸田文雄守護霊　うん、うん、うん。

大川真輝　この宮澤さんと河野（洋《よう》平《へい》）さんは、どちらも宏《こう》池《ち》会《かい》でした。このあたり、岸田大臣の韓国に対する歴史認識は、今後、非常に問題になってくるのではないかと思うのですが、韓国についてはどのようにお考えですか？

岸田文雄守護霊　やはり、適当に宥《ゆう》和《わ》政策を取りながら、「元従軍慰安婦だった」と名乗る人たちが亡《な》くなるのをただ待つと。やっぱり、これが「基本戦略」ですね。

もう、あと十年もしたら、全員いなくなると思うので、ただただ待つ。

大川裕太　ただ、韓国というのは、昔の歴史を繰《く》り返し蒸《む》し返していく傾向《けいこう》がございます。

岸田文雄守護霊　うーん。

大川裕太　例えば、日韓基本条約で、完全に、最終的に解決されたとされている両国の請求権《せいきゅう》の問題ですが、これを韓国の大法院はここ十年ぐらいで二回にわたって引っ繰り返しています。

しかも、韓国の大法院というのは、政権に対して、「具体的に日本に対して行動を取らなければ、政権側の責任を果たしていない」ということで……。

岸田文雄守護霊　うーん……。

大川裕太　強制的に、日本との再交渉《こうしょう》を求めるような決議を出すことができます。

このため、韓国の側としても、政府がいかに宥和的であっても、従軍慰安婦問題、それから、南樺太《からふと》にいた韓国人抑留者《よくりゅうしゃ》の問題、それからあとは、広島で被爆《ひばく》した在日韓国人被爆者の問題、こういったものに対して、日韓基本条約ではまったく触《ふ》れられていないので、「もう一回、賠償《ばいしょう》をやり直せ」ということを言ってきているのです。

こういう、歴史を蒸し返していく国については、どのようなご感想をお持ちでしょうか。

岸田文雄守護霊　うーん……。いやあ、あのねえ、朴槿恵《パククネ》さんが、支持率がだいぶ下がっていらっしゃるから、うーん。中国もそうだけど、あの国も基本的に「外国のせいにして、悪者を外に持ってくることで、自分の支持率を上げる」というスタイルを取るところであるのでね。

そのやり口は、だいたい分かってはおりますので。兄貴分としては、多少、弟の〝突《つ》き上げ〟みたいなものを受けなきゃいけない部分はあるので。

安倍《あべ》さんのお心を忖度《そんたく》するに、「従軍慰安婦ので十億円を出した」とかいう話もあったけど、それはずいぶん小さな額でしょう、彼から見れば。二十八兆円もの、ねえ? 財政出動をするというあたりから見たら、十億なんて小さい額ですから、たぶん、こまめに、少しずつ少しずつ、こう、ハトに餌《えさ》をやるような感じで、やっていって。

まあ、日本国民が怒《おこ》るところまでやっちゃいけないから、「怒らない範囲《はんい》だったらどのくらいか」という感じだけど。百億ぐらいまでだったら、微《び》調整で、こう、いろいろ小出しに使うんじゃないんですかねえ、うん。

韓国側への十億円の拠出《きょしゅつ》は「口止め料」？

大川真輝　昨年末の日韓合意の問題点として、これまでの日本政府の公式の見解としては、「戦後賠償は、一九六五年の日韓請求権協定ですべて終わっている」という立場だったわけですね。

岸田文雄守護霊　うん。うん。まあ、いちおう聞いてます。知ってます。はい。

大川真輝　それを、今になって十億円を出すというのは、そもそもの日本政府の立場を覆《くつがえ》すような話になるのではないかと……。これが「日韓合意」の問題点です。

岸田文雄守護霊　いや、「口止め料」ですから、これ出してるのは。だから、実は、外交的なあれじゃなくて、口止め料なんで。

大川裕太　「十億円」といっても、向こうにとっては大した額ではないはずですよね。

岸田文雄守護霊　うん。

大川裕太　これは額の問題ではなくて、要するに、「慰安婦問題というものが存在したんだ」というのを対外的に知らしめる、格好の材料になっているわけです。

岸田文雄守護霊　でも、まあ、韓国の学生が暴《あば》れてねえ。何か、「十億じゃ足りない！」って言って暴れて。あれ、若い人たちですよね？　その年代に生きてなかった人たちも暴れているから、やっぱり政治のテーマですからね。

だから、こういう国はね、正面からぶつかって、理論でやって、納得《なっとく》する国では基本的にはないので。もう、「ほめたら喜び、下げたら暴れる」っていう国なんで。中国も韓国も一緒《いっしょ》ですよね。「唐辛子文化《とうがらし》」と私は呼んでおりますけど、まあ、どうにもならない。

大川裕太　ただ、向こうは、「理論で攻《せ》めてくる」という手も使ってはいますよね？

岸田文雄守護霊　だから、「日韓合意は、すでに、（日韓）基本条約で一九六五年に終わっている」って言っても、「そのときに、頭が全部は回っとらんかった」と向こうは言っとるわけでしょう？「すべての問題まで網羅《もうら》してやらずに、とりあえず結んでしまったけど、考えてみたら、『まだ、あれもあったな。これもあったな』っていろいろ思いつくことがあるから、それについては思い出したときに請求してもいいじゃないか」と。

まあ、〝恨《うら》みは千年続く〟もんだから。

酒井　いや、先ほどもありましたように、日韓請求権協定で、すべては完全かつ最終的に解決したことになっているんですよ。

岸田文雄守護霊　いや、「そのときに対象になっていたことについては解決」。

酒井　あなたは、法学部卒でありながら、それを簡単に引っ繰り返すんですよね。

岸田文雄守護霊　あのねえ、君、そんな早稲田《わせだ》の法学部ってねえ、法学部であって法学部でないんだから。

2013年3月1日、韓国の朴槿惠大統領は、「三・一独立運動」を記念する式典で、日本と韓国の関係について、「加害者と被害者の歴史的立場は、千年の歴史が流れても変わることがない」と発言した。

酒井　そうですか。

岸田文雄守護霊　分かってるでしょう?

酒井　だけど、あなたは法律を学んだはずでしょう。

岸田文雄守護霊　あなたよりも前の人たちで、早稲田の法学部で、まともに法律を勉強してる人がいるわけがないでしょう。

酒井　じゃあ、それは結構です。

慰《い》安《あん》婦《ふ》問題は、「あるかもしれないし、ないかもしれない」

大川裕太　韓国の大法院は、慰安婦問題に関して、次のようなことを言っています。原告が、本来時効になるべき慰安婦の請求権問題について、「日韓基本条約が、そもそも韓国の憲法に反しているため、これ自体が無効である」というようなことを言ってきたところ、韓国の大法院としても、「慰安婦問題が社会的に黙殺《もくさつ》されてきた以上、時効はかかっていないんだ。時効は成立しない」というようなことを言ったわけなんですよ。

岸田文雄守護霊　ハアー（ため息）。

大川裕太　「被害者の感情が抑圧されていて、カミングアウトしていなかったから、自分の被害を訴《うった》えられなかったんだ。それで、朝日新聞が報道するまで自分の被害を訴えられなかったのだから、時効に関しては進行が止まっている。要するに、時効は成立しない」というようなことを言っていたと思います。

こんなロジックを立ててくる国に対して、外務大臣としては……。

大川真輝　ちょっと待ってください。そもそも岸田大臣としては、慰安婦（問題）は存在したとお思いですか。

岸田文雄守護霊　慰安婦は存在したか？　うーん、朴槿恵さんだって、「戦後生まれ」の方ですしねえ。ほんとは分かりゃしないけど、まあ、支持が取れるかどうかだけで、（支持の）取れる方向を言っているだけでしょう。

元従軍慰安婦を名乗る２人の韓国人女性の守護霊インタビューを敢行。慰安婦問題の真相が明らかに。『神に誓って「従軍慰安婦」は実在したか』（幸福実現党刊）

で、安倍内閣だって本心としては、事実認定としては意見はあっても、日本の「左翼《さよく》勢力」を抑え込まなきゃいけないのでね。それに合わせて、選挙前には、違《ちが》うことを言ったり、いろいろ対策するので。

やっぱり、客観的な、科学的実験のような真理というのは、政治的にはないんですよ。そういうのはなくて、お互《たが》いがスムーズに隣国《りんごく》として存在できる、うーん、〝中を取る〟以外、真理はないんです。

だから、私は別に、慰安婦問題は、あるかもしれないし、ないかもしれないし……。藤原帰一《ふじわらきいち》さんみたいでしょう? まあ、だけど、それが〝真理〟なんですよ、国際政治においては。

眠れる予言者・エドガー・ケイシーが「従軍慰安婦」と「南京大虐殺」の真相をタイムスリップ・リーディングする。『従軍慰安婦問題と南京大虐殺は本当か？』(幸福の科学出版刊)

大川真輝　なるほど。

岸田外交は「真理」ではなく「比較衡量《ひかくこうりょう》」で決まる？

大川裕太　じゃあ、「日本の国としての主張を守ろう」というところまでは行かないということですか。

岸田文雄守護霊　いやあ、それは守ってもいいけど、それで「得られるもの」と、「失うもの」と、いちおう比較衡量《ひかくこうりょう》するのが、まあ、法学部でしょ？　違うの？

大川裕太　ああー、発想が外務省的ですね、ほんとに。

岸田文雄守護霊　うん。いちおうそうでしょう。

大川裕太　そうすると、繰り返し要求されるうちに、戦後補償をどんどんしなければいけなくなるのではないでしょうか。

岸田文雄守護霊　いや、それは安倍さんの本心から言やあ、強く言いたいところがあると思うけれども。オバマさんなんかは、そんなのよく知らないからねえ。あの人も若いから、よく知らない。戦後のことしか知らなくて、戦前のことは知らないから、とにかく、「韓国と仲悪くするな」と言ってくるわけよ。

ただ、「仲悪くするな」とアメリカに言われたということは、「自分から仲悪くしたら、そういうときはアメリカは面倒《めんどう》を見ないぞ」と、まあ、そういう言い方だからさ。

だから、アメリカが、「仲良くしろ」って言うのに喧嘩《けんか》するわけにはいかないじゃないですか。

だから、あなた（大川裕太）は三男かなんか知らんけど、長男が来てだねえ、

「余計なことを言うなよ、三男！」とか言われたらさあ、ちょっと言葉は控《ひか》えるでしょう？

それと同じで、自分としてはこれが正しいと思っててもね、やっぱり、長男が来て言うと、ちょっとは控えるじゃないですか。

だから、アメリカさんがいるので、アメリカは、「日韓が喧嘩することは、北朝《きたちょう》鮮《せん》の思う壺《つぼ》だし、中国の思う壺になるから、日韓は仲良くしてもらわないかん。だから、真理はどうであれ、とにかく譲《ゆず》るべきところは譲って、外見上でもいいから仲良く装ってくれ。それが、安全保障上はいいのだ」と。まあ、少なくともオバマさんは、そう思っている。〝次の人〟は知らないよ。でも、オバマさんは、そう思ってるから。

それだったら、真理のほうはどうであれ、屈《くっ》するしかないわねえ。

大川裕太　なるほど。では、韓国が、新しく問題をつくり出していっても、それに対して謝《あやま》り、アメリカの機嫌《きげん》を取りながら、比較衡量をしていくしかないということですか。

岸田文雄守護霊　でも、韓国製品の輸入が減ったりね、韓国映画も日本で流行《はや》らなくなったり、向こうも代償を払《はら》ってますからね。

それから、ヘイトスピーチを規制する法律もできましたけど、実際、堪《こた》えてるんでしょう？　韓国嫌いのあれを出されたら、堪えてはいるんだろうから。

自分らで自縄自縛《じじょうじばく》していることは分かっているのよ。嫌われるのを知っておりながら、「やむにやまれぬ〝韓国魂《だましい》〟」というのが向こうにもあるわけよ。

5　北朝鮮《きたちょうせん》の核《かく》問題には、どう立ち向かうつもりなのか

「日本は何もしないで、当事者にならないのがいちばん」

大川真輝　そうしますと、次は北朝鮮《きたちょうせん》の話になってくるかと思うんですけど。

岸田文雄守護霊　ああー。

大川真輝　北朝鮮は年初（二〇一六年）から「水爆《すいばく》実験」をやりまして、さらに、ムスダンの発射もしています。

金正恩守護霊が語る今後の思惑とは。着々と進む北朝鮮の軍事的脅威に警鐘を鳴らす。
『北朝鮮・金正恩はなぜ「水爆実験」をしたのか』
（幸福の科学出版刊）

岸田文雄守護霊　まあ、撃《う》ち放題ですねえ。

大川真輝　最近では、ＳＬＢＭ（潜水艦《せんすいかん》発射弾道《だんどう》ミサイル）を潜水艦から撃ちました。

岸田文雄守護霊　ああ。

大川真輝　その結果、今、日本と韓国《かんこく》は、軍事的に少し密接に協調していかなければいけないような流れが来ていると思うんですね。

　この北朝鮮問題について、岸田外務大臣は、今後、どのように解決していこうとされているのか、お聞

初代国家主席・金日成《キムイルソン》の霊が「金正恩への評価」と「北朝鮮の実情」を明かす。『北朝鮮　崩壊へのカウントダウン　初代国家主席・金日成の霊言』（幸福の科学出版刊）

かせいただきたいと思います。

岸田文雄守護霊　今、アメリカは大統領選に入ってるので、次の大統領が決まるまで、国策がまだ完全には固まらないですね。だから、どう出るか。

アメリカの大統領が強く出してきた方針っていうのを、いちおうはメインに考えなきゃいけないので。国連の考えとかいうだけでは合わせられないし、日韓だけでも決めかねるとこがあるのでね。

まあ、ヒラリーさんなら、ある程度、今までの延長で行くだろうなとは思うから、おそらくは、日本が核《かく》武装をするような感じのは嫌《いや》がって、「『アメリカの核の傘《かさ》のなかにいろ』という言い方はしつつも、日米韓が緊密《きんみつ》に連絡《れんらく》することによって、外交圧力をかけ、経済制裁をかけていく」と。

それから、中国に関しても、「フィリピンとか、ASEAN《アセアン》の国と、経済的にも外交的にも軍事的にも、もっと緊密に関連することによって、緩《ゆる》やかな包囲網《もう》を維《い》持《じ》し続ける」っていうぐらいまでしか、たぶんヒラリーさんは考えることはできないだろうとは思うんですよね。

で、トランプさんの場合には、「戦争をするのか」、あるいは「孤立《こりつ》主義になって、アメリカのなかで全部立てこもるのか」が、今のところちょっと分からないので。

これは、なってみないと何とも言えないですねえ。

大川裕太　ただ、北朝鮮に関しては、軍事的に直接攻撃《こうげき》する以外、制裁としては、あらゆる手を尽《つ》くしているんですよ。

例えば、「バーター（交換《こうかん》）で、プルトニウム型原子炉《ろ》を停止する代わりに、軽水炉を提供します」と言ったら、実は、プルトニウム型はやめてもウラン型を開発していたというようなことがありました。

また、「食糧援助《しょくりょうえんじょ》をやめる」と言っても、中国が出していたり、あるいは、貿易の制裁をどんどん強めていっても、まだ生き延びているわけです。

岸田文雄守護霊　いやねえ、何もしないのが、いちばんなんですよ。日本は何もしないで、当事者にならないのがいちばんで。

まあ、オバマさんも、あと半年ぐらいしかないかもしれないけども、オバマさんが今まで策定してるあれから見ると、いちおう、金正恩《キムジョンウン》とその側近を一網打尽《いちもうだじん》にする……。やっぱり、特殊《とくしゅ》部隊が降下して、一網打尽にするという、オサマ・ビン・ラディン対策でやったのと同じようなことを考えてるみたいなのでね。「急襲《きゅうしゅう》部隊を使って、戦争じゃないかたちで一網打尽にしてしまう。金正恩と幹部、軍のトップあたりを全部、一気に押《お》さえてしまう」っていうのを、秘密裡《ひみつり》には計画してるようなので。

まあ、私たちは、アメリカさんがそれを断行なされるかどうかを見ているだけで、軍事的に撃ち合いをする気は、今のところないですからね。

大川裕太　ただ、「日本が当事者ではない」と言ってしまうと、まさに外務省にとって悪夢であった、クリントン政権時代の〝四カ国協議〟、要するに、「日本とロシアが入っていない、中国、アメリカ、北朝鮮、韓国の四国だけで全部を決めてしまう」という体制に戻《もど》ってしまいます。

岸田文雄守護霊　だけど、日本が、北朝鮮と軍事的に当事者として向き合うということになれば、中国だって当然ながら日本に対して、軍事的にもう一段攻勢をかけてきますわね？　そうすると、もう一段、拍車《はくしゃ》がかかってくることはあるわね。

こういうことは、私の外務大臣時代には、あってには困るんですけど。

中国公船の領海侵入で、中国の程永華《ていえいか》駐日大使（右）に抗議する岸田文雄外相。（2016年8月9日撮影、東京・外務省）

大川裕太　なるほど。自分の任期中には、あってはは困るということですね。

岸田文雄守護霊　そう、そう。ほかの人でやってもらわないと。

大川真輝　それで、そろそろ外務大臣を降りられたい、と。

岸田文雄守護霊　うん、そう、そう。もうそろそろ降りたいですねえ。危ないですもん、もう。

大川真輝　（笑）（会場笑）

岸田文雄守護霊　責任、取らされるからさあ。防衛大臣だけでやってくれないでしょう。外務大臣が、やっぱり何かやらないかんですからねえ。

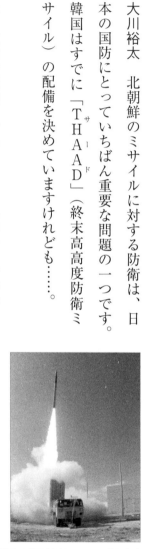

米軍が日本から出て行ったら、どうするのか？

大川裕太　北朝鮮のミサイルに対する防衛は、日本の国防にとっていちばん重要な問題の一つです。韓国はすでに「THAAD《サード》」（終末高高度防衛ミサイル）の配備を決めていますけれども……。

地上配備型迎撃システム「高高度防衛ミサイル（THAAD）」のミサイル発射実験（米国防総省提供）。（2015年11月1日撮影）

岸田文雄守護霊　そんなことないですよ。安倍さんは、北朝鮮にミサイルをちゃんと当ててほしいと願ってらっしゃるみたいだから。「当たったらいいなあ。対馬《つしま》か佐渡島《さどがしま》か、どこでもいいから落ちてくれ」と思ってるみたいだからね。

大川真輝　さっき、トランプさんのお話が出ましたけれども、もし、トランプさんが大統領になられた場合、今後の日米安保《あんぽ》のあり方については、どうお考えでしょうか。

トランプさんは、「日本に駐在《ちゅうざい》している米軍の経費は、全部日本が出すべきだ」というご意見を持っております。

岸田文雄守護霊　ああ、はい。

大川真輝　さらに、「北朝鮮がいくら暴《あば》れても、それは日本が叩《たた》き潰《つぶ》せばいいんだ」というご意見も持っておられるようなんですね。

岸田文雄守護霊　いや、でも変わるかもしれないから。大統領になったら、今までの引き継《つ》ぎがいちお

世界から注目を集める衝撃発言の数々。その真意をトランプ氏守護霊に聞く。
『守護霊インタビュー ドナルド・トランプ アメリカ復活への戦略』
（幸福の科学出版刊）

うあるからね。
「今までやってきたのを、急に変われませんよ。同盟関係がなくなったら、こうなりますよ」という利害を見せられてね。向こうにも役人はいるから、説得はするだろうからさ。そんなに急には変えられないかもしれないけどね。

大川真輝　ただ、沖縄《おきなわ》県内では今、「米軍基地、出ていけ」ということで、すごく荒《あ》れているような状況《じょうきょう》になっております。

岸田文雄守護霊　うーん、「アメリカが出ていったらどうなるか」かあ。チッ（舌打ち）、まあ、僕《ぼく》だったら亡命するなあ、もう。

大川裕太　（苦笑）

大川真輝　亡命ですか。

岸田文雄守護霊　うーん。

大川真輝　どこに亡命しますか。

岸田文雄守護霊　ええ？　とりあえずオーストラリア辺りまで。

大川真輝　オーストラリア。

酒井　では、あなたが総理になっていたら、どうしますか。

岸田文雄守護霊　亡命するよ、それは。

酒井　えっ？

岸田文雄守護霊　オーストラリア辺りに亡命しないと。だって、戦わなきゃいけないじゃない。総理だったら、自衛隊の最高指揮官ですから。でしょ？

大川裕太　それでは、民進党と変わらないですね。

酒井　（笑）

岸田文雄守護霊　それは変わりませんよ、日本人ですから。一緒《いっしょ》ですよ、それは。

大川裕太　いやあ……。

岸田文雄守護霊　ああ、総理だったら自衛隊の最高指揮官でしょ？　だから、「戦う」って判断しなきゃいけないでしょ？　それは、私は向いてませんから。

大川真輝　もし、尖閣《せんかく》で戦争が起きたら、どうされますか。

岸田文雄守護霊　それは、アメリカの判断によります。

大川真輝　アメリカの判断による……。

岸田文雄守護霊　アメリカが「応戦する」というなら、自衛隊も船を並べます。

6 岸田氏守護霊に「外交方針」を問う

国防に関して、自分自身の見解が出てこない理由

大川裕太　ただ、アメリカは、先ほども出た北朝鮮《きたちょうせん》問題についてもそうですけども、中国との連携《れんけい》というのをすごく強化しています。ケリー国務長官も含《ふく》めて、例えば、「北朝鮮に履行《りこう》を呑《の》ませるには、中国の関与《かんよ》が不可欠だ。中国がどうしてくれるかに、すべてかかっているんだ」というようなことが、アメリカの国務省系（親中派）の意見なわけですよね。

先ほど、北朝鮮に対する「空挺《くうてい》部隊による急襲《きゅうしゅう》」という話もありましたけれども、中国の顔色を窺《うかが》っているので、アメリカは、ほとんどそういうことをできないのではないかという議論が多いと思います。

岸田文雄守護霊　それもあるしねえ。なんか、オバマさんが「ロシア制裁」なんかを始めちゃったもんだから、ロシアと中国が合同してねえ、軍事演習なんかアジアの海でやり始めたんで、ますます具合が悪いほうに行っている。もとの「冷戦」に戻《もど》ってきちゃったんで。

ロシアと中国が軍事演習をし始めたら、これは日韓米《にちかんべい》だけでやっていても、なんか、「第三次世界大戦をやる気かい？」ということに、基本的になるからね。

酒井　ロシアと平和条約を結ぼうとして、あなたも動いていらっしゃいますよね？

岸田文雄守護霊　だけど、それは危ないですよ。まあ、ロシアと「平和条約」を結んでも、それで、向こうは日米同盟を破らせようとしているかもしれないから。「罠《わな》」としてはありえるのでね。

だから、アメリカの次の政権がどうなるか分かりませんけど、オバマさんだったら、「日露《にちろ》平和条約」を結んだら嫉妬《しっと》すると思う。あの人、けっこう女性的なんですよ、ものすごくね。

酒井　そうすると今、外務省は、どうやってロシアと絆《きずな》を結ぼうとしているのですか。何をしようとしていますか。

岸田文雄守護霊　いや、あなたがたが、「結べ、結べ」と言ってるからさあ、なんか、そういうふうにしようと、まあ……。

酒井　あなたは、安倍《あべ》さんとかに言われてやってい

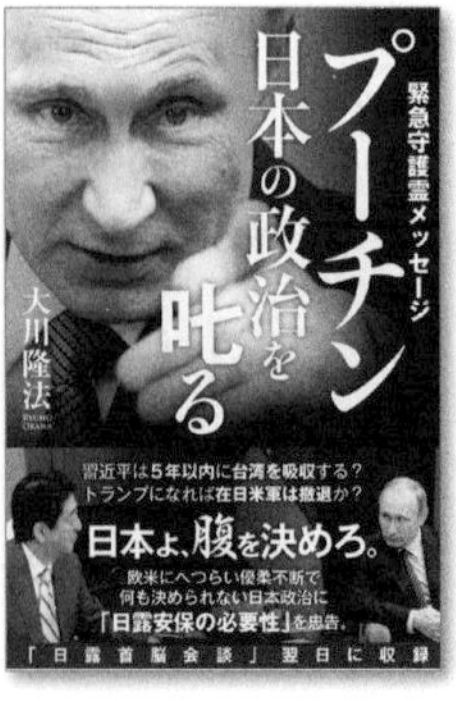

日本はこのまま中国とロシアの２大国を敵に回すのか。プーチン大統領守護霊が「日露安保条約」の必要性を忠告する。
『プーチン　日本の政治を叱る』（幸福の科学出版刊）

るわけですよね。

岸田文雄守護霊　うーん……、うーん……。まあ、ロシアの全権大使も、大川さんのお友達がやっているということで、なんか、「ロシアと条約を結ばないかん」って思っているらしいし。自民党は、それを聞いて、そう思ってる人もいるし。

安倍さんも、長く政権をやると、なんか〝勲章《くんしょう》〟が要《い》るからね。そういう実績として、ロシアとの条約とか結んだら、長期政権への布石になるからね。やっぱり、それは……。

酒井　あなたは、国防についてはあまり詳《くわ》しくないのですか。台湾《たいわん》のことは、どうしようとしていますか。

岸田文雄守護霊　台湾は、だから、中国が「自分のものだ」とおっしゃっている。

で、日本は、「自分のものだ」とは言ってはいないから、それは向こうの主張のほうが強いことは強いですよねえ。まあ、台湾は一つの中国……。

酒井　あなたはどう思いますか。

岸田文雄守護霊　それは、外務大臣のポストにいる間と、外務大臣を離《はな》れてからあとでは意見が違《ちが》うかもしれない。

大川裕太　なるほど。

シーレーンの問題は「太陽光発電で何とかやるしかない」

大川真輝　先日、ASEAN《アセアン》の外相会議で、共同声明を出す際、何カ国かが反対したことによって、中国の南シナ海進出に対する反対の内容を盛り込《こ》めませんでした。

東南アジア諸国に対する中国の切り崩《くず》しも進んできております。

岸田文雄守護霊　まあ、日米あたりが、ほんとに強気で戦うくらいで、「護《まも》ってくれる」とかいうのならあれだけど、もし護らないで、「金が惜《お》しい」とか言い始めたら、もうみんな、〝なすがまま〟で、中国に隷属《れいぞく》しちゃうでしょうから。

だから、「どっちが先にカードを引くか」なんですよね。日米のほうが先にカードを切った場合は、「金の持ち出し」と、それから、「軍事対応」をしなきゃいけない。

だけど、向こうが先にカードを切って、中国と対立するムードを盛り上げた場合には、日米のほうは、それを「見放す案」と、それを「応援《おうえん》する案」と、まあ、五十パーセントぐらいで、作戦としては両方ありえるわけですから。

大川裕太　そうなんですね。

酒井　あなたは、シーレーンの問題については、どうしようと思ってるんですか。

岸田文雄守護霊　いやあ、それは太陽光発電で、何とかやるしかないでしょう。

酒井　太陽光……（苦笑）。

大川裕太　外務省はもともと、台湾問題はすごく鈍《にぶ》いですよね。田中眞紀子《たなかまきこ》さんが外相のときには、「李登輝《りとうき》さんが、『訪日したい』と言っているのに、ビザの発給をしな

日本のシーレーン（海上交通路）

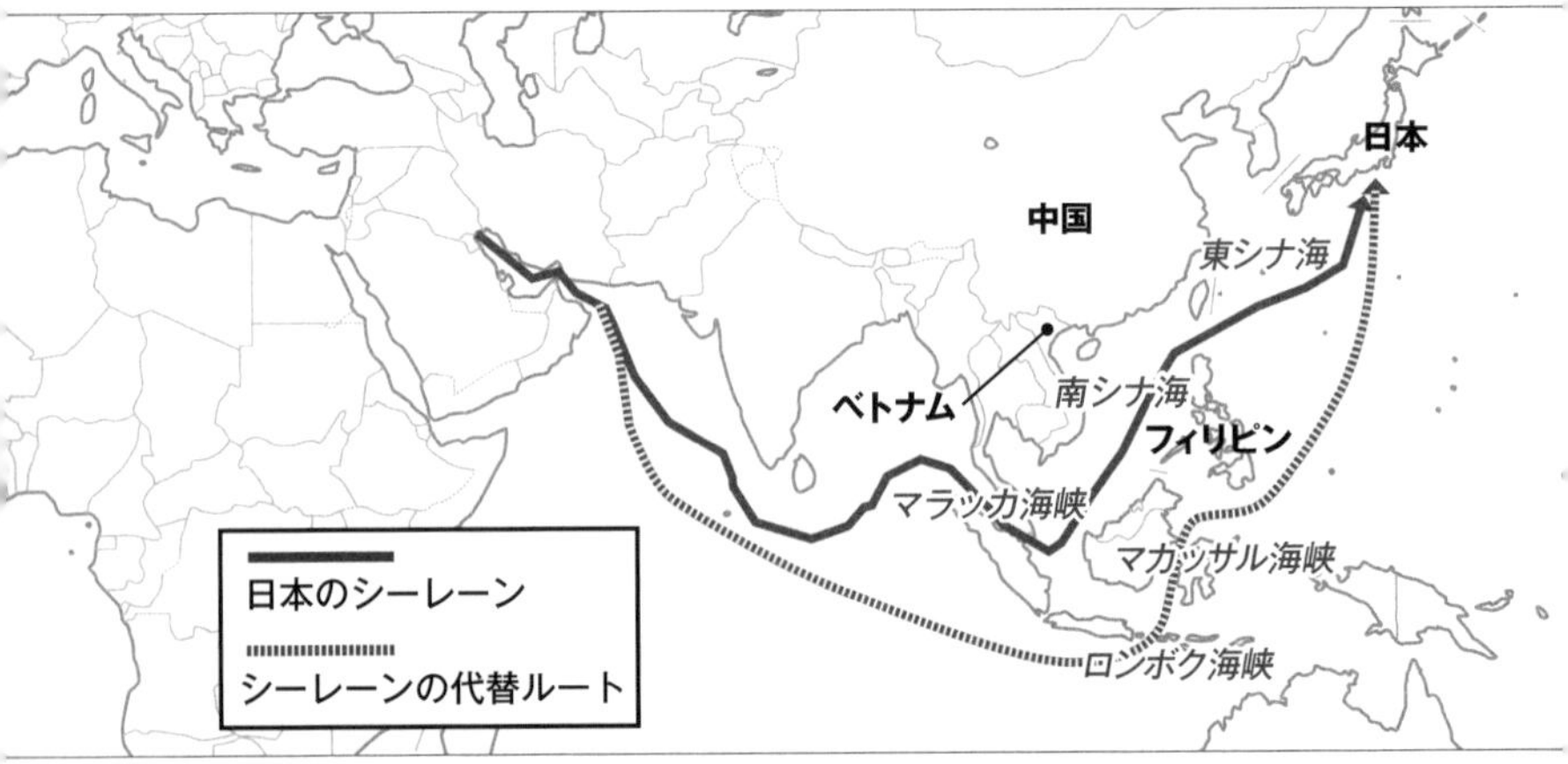

資源やエネルギーの多くを外国からの輸入に頼っている日本にとって、シーレーンの安全確保は重要な課題となっている。万が一、中国等がこの海域を軍事力で実効支配した場合、日本に必要な石油の８割が止まることになる。点線の代替ルートを使う場合、大きく迂回することになってしまう。

かった」ということがありました。

岸田文雄守護霊　それは、中国の機嫌《きげん》が悪くなるからね。ダライ・ラマが来ても、そうなるしね。

だから、そういう個人のあれで、李登輝さんが、「いい病院に入りたいから」なんていう理由だけで、うまいこと入っても、「政治的に利用しようとしている」と勘繰《かんぐ》るからさ。いい病院は、ヨーロッパにもアメリカにもあるからねえ。そっちに行ってもらえば済むのよ。

大川真輝　今、岸田大臣の動きとしては、東南アジアの諸国で、中国に流れそうなところを食い止めるために、おそらく各国と話をされてると思うんですね。ちょうど各国の外相らと会談をいくつも組まれております。

岸田文雄守護霊　せいぜい私はねえ、やっぱり外野手でね、センターを守ってるぐらいな、まあ、「めったに球は飛んでこない」と思ってるんだけど。たまにねえ、〝トンネル〟された場合は、そこのところを拾わなきゃいけないっていうあたりが私の仕事で。

だから、「セカンドがトンネルして、ゴロが来た場合は拾うけども、ホームラン級のやつが来た場合は、もう諦《あきら》める」というような、まあ、そういうことですよ。

大川真輝　でも、大臣は、「高校時代は野球部で、ショートかセカンドだった」という話があるんですけれど（笑）（会場笑）。

岸田文雄守護霊　いや、〝トンネル〟はねえ、しょっちゅうあることで、ハハ（笑）、まあ、アハハ、ハハハ（笑）。それはねえ（笑）、君、際《きわ》どいことを質問するんじゃないよ。アハハ、アハハ（笑）。

酒井　後ろに誰《だれ》かいてくださるのがいいんですね？　〝トンネル〟しても、誰かがいて拾ってくれる、と。

岸田文雄守護霊　うーん、いや、いや、日本は〝外野手〟ですよ。内野じゃないですよ。外野だと思いますね。内野だったら、やっぱり、球が速かったら止められませんからね。取れないでしょう、やっぱり。

「中東問題」など、日本を不利にした岸田氏の〝功績〟

大川裕太　岸田大臣の功績の一つとして、「中東和平」についても、かなり貢献《こうけん》をされていらっしゃいます。

岸田文雄守護霊　ああ、体を動かしてねえ、行きましたよ。

大川裕太　イスラエルとパレスチナの和平だとか……。

岸田文雄守護霊　ええ、お金も出すとか、やったよ。

大川裕太　はい。

ただ、その中東が発端《ほったん》となって、今、欧米《おうべい》のほうではテロがたくさん発生しており、フランスは何度も狙《ねら》われていますし、ドイツでもテロが起きています。

岸田文雄守護霊　まあ、それは知ったことじゃないね、はっきり言えば。日本の政治には影響《えいきょう》がな

ドイツ南部ミュンヘンで9人が犠牲になった銃乱射事件の現場でキャンドルを捧げる女性。（2016年7月23日撮影）

いから。

大川裕太　ただ、テロ問題は、東京オリンピックに影響するかもしれません。また、「イスラム国」の問題もあって、副大臣が頑張《がんば》って行かれていましたけれども、外務省、あるいは外務大臣として……。

岸田文雄守護霊　まあ、「テロ問題」はね、基本的には警察庁の問題だから。あと、もうちょっと大きい……。でも、防衛省まで出るようなことはないとは思うけどね。防衛省が「テロ対策」をしなきゃいけないところまで来るかどうかは、ちょっと分かりませんが、基本的には警察庁だと思うんです。

酒井　国内の問題はいいですよ。海外で邦人《ほうじん》が巻き込まれたら、どうしますか。

岸田文雄守護霊　あ、海外？

酒井　はい。

岸田文雄守護霊　行かないように指導します。

酒井　（苦笑）

岸田文雄守護霊　だから、外務省は今、親切ですから。「ここは行かないほうがいいですよ」と、いっぱい出していますから、案内を。

大川裕太　では、イスラエルやイラン、あるいは……。

岸田文雄守護霊　いや、もう知ったことじゃないですよ。

大川裕太　ああ、そうですか。

岸田文雄守護霊　イスラエルとイランなんか、もうどうにでもしてくださいって。分かるわけないじゃないですか、日本で、そんなのは。

酒井　ただ、あなたは、イランの制裁解除に当たって尽力《じんりょく》しましたよね。

岸田文雄守護霊　これなんか、どっちが正しいかなんていうのは、歴史的にいくら勉強したって分からない

日・イラン投資協定に署名した岸田文雄外相（手前右）とイランのタイエブニア経済財務相（同左）。この協定は、イランが核開発を制限したことを受けて、日本側が制裁解除したことで締結された。（2016年2月5日撮影、東京・外務省）

んですよ。「もう、好きにやってくれ」って言いたいんだけど。

まあ、「できるだけ世界が平和でありますように」と祈《いの》りたいぐらいですよ。

大川裕太　（苦笑）しかし、岸田さんが、「中東の平和の架《か》け橋」を主導してやってるじゃないんですか。

岸田文雄守護霊　いや、それほど力はありませんから。

大川裕太　そうですか。

酒井　ただ、イランは核《かく》開発に進んでいる可能性もあるんですよね。

岸田文雄守護霊　まあ、それはあるでしょう。

酒井　あなたが引き金を引いた可能性はありますよ。

岸田文雄守護霊　だから、イランが北朝鮮みたいになる可能性もある。

酒井　あなたの〝功績〟は、「日韓合意」のほか、この「中東の問題」もありますし、あと、北朝鮮や中国が暴《あば》れているのに、「広島の核兵器廃絶《はいぜつ》」ですか。「慰安婦《いあんふ》問題はある」ということにするし、「イランの核開発」は進むし、えらく〝大きな功績〟を残しましたよね。外務大臣として、外交を通して、世界に〝貢献〟されたと思います。

大川裕太　世界の国々にとって、岸田さんの存在感はすごく大きいのではないでしょうか。

酒井　あなたは、世界が大混乱に陥《おちい》るような引き金を引いた可能性がありますよ。何もやっていないように見えて、「愚策《ぐさく》」を打っている可能性はありますね。

岸田文雄守護霊　あんたねえ、いちおう（大学の）後輩《こうはい》っていう話なんだから、そういう言い方はないんじゃないの？

酒井　（笑）

岸田文雄守護霊　あのねえ、「早稲田《わせだ》」で外務省を率《ひき》いるっていうのは、けっこう大変なんだよね。

酒井　まあ、分かります。

岸田氏は本当に外交に興味があるのか

酒井　だけど、「岸田ドクトリン」というか、それは、やっぱり、「吉田《よしだ》ドクトリン」から引っ張ってきているんじゃないですか。宏池会《こうちかい》は、もともと吉田茂《しげる》の流れを引いていますから、経済重視であって、国防について、あまり考えていないですよね。

岸田文雄守護霊　うーん。外務次官も、今回、「早稲田」にしたかなあ。

酒井　いやあ、それはちょっと分かりません。あなたのほうがよく知っているのではないですか。

岸田文雄守護霊　早稲田……、早稲田の人はいないかなあ。

大川裕太　内閣官房《かんぼう》には、谷内正太郎《やちしょうたろう》さん（内閣官房内の国家安全保障局長）がいらっしゃいますけれども、あの方あたりが、かなり参謀《さんぼう》的に率いてるのかなという気もするのですが。

岸田文雄守護霊　まあ、東大はわりあい多いからね、外務省はね。東大の人で固めると、結局何もしなくなるから。もう、「スクラム組んで何もしない」っていう。

いや、早稲田でも、その間を〝サーフィン〟して生き残るのが……。

酒井　あなたが就職したのは、長銀《ちょうぎん》（日本長期信用銀行）ですよね。

日本長期信用銀行は、バブル崩壊後の不況により経営破綻し、1998年10月、一時的に国有化される。その後、2000年3月に、アメリカの企業再生ファンド・リップルウッドを中心とする投資組合にわずか十億円で買収され、同年6月に「新生銀行」と改称した。（写真：旧日本長期信用銀行本店）

岸田文雄守護霊　それが、どうしたんだよ。「潰《つぶ》れる」って言いたいの？

酒井　いえ、いえ。そういうわけじゃないですよ（笑）。

岸田文雄守護霊　それとも、「外国に一億円ぐらいで買い取られる」って言いたいの？

酒井　そういうわけじゃないのですけど、本当にあなたは外交に興味があるのですか。そこが気になるんですよ。

岸田文雄守護霊　うーん、まあ、そりゃあねえ、「外交官としてやれるほど英語ができるか」といえば、それほどはできないけども、「安倍さんを目立たせるぐらいの仕事ができる」という意味では、できる。

7 「天皇陛下《へいか》の生前退位」と「憲法改正」に対する本音を訊《き》く

天皇陛下の外交実務をどう見ているのか

大川真輝　「外交」については、そろそろネタが切れてきたようなので、別の話題にさせていただきます。

最近、天皇陛下《へいか》が生前退位をなさるといった問題が出てきておりまして、八月八日あたりに、陛下から国民に対してお言葉の発信があるようです（注。本収録後の八月八日、天皇陛下のお言葉のビデオメッセージがテレビ等で放映された）。

このあたりに対して、岸田大臣の、政治家としての見解やお考え等はございますか。

岸田文雄守護霊　「私も年を寄せてまいりまして、物事を忘れやすくなり、手順を間違《まちが》うことも、ときどき出るようになりました。そういうことも考えて若い人たちに、日本の将来を託《たく》したいと思います」みたいな感じの言い方をするんじゃないですかねえ。うん、たぶん。

大川裕太　それについて、「是非《ぜひ》」とか、あるいは、岸田さんのご意見というのはあるんでしょうか。

岸田文雄守護霊　それは宮内庁《くないちょう》が決めることですから、知りません。

大川裕太　なるほど。

大川真輝　陛下は、かなり、外交実務というか、外国の要人にお会いになったり、いろいろしてくださってると思うんですね。

岸田文雄守護霊　ああ。会ってくださってはいますね。

大川真輝　本来、外務大臣がやってもいいようなことまでやられていて、非常にお疲《つか》れになっている……。

岸田文雄守護霊　いや、そんなことない。外務大臣は条約とか、そういうものを詰《つ》めたりするような仕事で。天皇陛下は雲の上の存在として、（外国の要人に）会わせてやると、「向こうに対して礼儀《れいぎ》を尽《つ》くした」というかなあ。何て言うか、昔で言や、「御館《おやかた》様が出てきて、お会いになった」みたいな感じで、相手が感激するというところが最高の存在価値ですから。小国であればあるほど喜ぶことがありますからね。

もし岸田氏が総理なら、「憲法改正」をやるのか？

大川真輝　今後、皇室典範《てんぱん》の改正のあたりから始まって、次はおそらく「憲法改正」の是非を問うといった流れが、今年の後半から来年あたりに政局として起きてくるのでないかと予想されていますよね。

もちろん、自民党の草案というものはあるのですけれども、岸田大臣ご本人としては、「憲法改正」について、どのような考え方をされているのでしょうか。

岸田文雄守護霊　まあ、万が一にも、私が総理大臣をしてるっていうことであれば、憲法改正は、その間はないでしょうね、たぶん。

大川真輝　その間はない？

岸田文雄守護霊　うん。だって、改正に手を出したら、すぐ失脚《しっきゃく》するもん。

大川真輝　では、何のために選挙で三分の二を取ろうと頑張《がんば》ってらっしゃるんですか。

岸田文雄守護霊　いや、それは安倍《あべ》さんが頑張っていらっしゃるので。

大川真輝　岸田大臣は、「(三分の二を) 取らなくてもよかった」と。

岸田文雄守護霊　いや、私は、そういう〝ババ〟は引きたくない。それでまた、安保闘争《あんぽとうそう》みたいにいっぱい起きるんでしょう、どうせ。

大川真輝　それでは岸田大臣の憲法改正に対する立場は、陛下と同じということになってしまいますね（笑）（『今上《きんじょう》天皇の「生前退位」報道の真意を探《さぐ》る』〔幸福の科学出版刊〕参照）。

岸田文雄守護霊　まあ、外務省ってのは、だいたい似てくるんですよね、雰囲気《ふんいき》がね。

酒井　なるほど。以前、「当面、憲法九条改正は、するつもりはない」という発言をされましたけど。

岸田文雄守護霊　「法律改正」でいけるんだったら、そらあ、楽でいいじゃないですか。それで、勇気のある方がカードを引かれたらいいと思う。〝ババ〟を。

今上天皇の守護霊が、「生前退位」の背景にある「憲法改正」や「先の大戦」についてのお気持ちを語られる。『今上天皇の「生前退位」報道の真意を探る』（幸福の科学出版刊）

国防は防衛省・自衛隊任せでよいのか

酒井　日本の未来にとっては、それでいいのでしょうか。悪いのでしょうか。

岸田文雄守護霊　いや、知りません。そんなねえ、そういうことよりも、目先、そういう「憲法改正をやる」って言っても、それはまた国内でテロが起きるかもしれないぐらいの問題になりますからねえ。

酒井　いや、それは、「憲法改正が、あなたの未来にとってプラスかマイナスか」ということですよね。

岸田文雄守護霊　だから、この前、「障害者施設《しせつ》で十九人殺した」とか出ましたけど、ああいうタイプのテロだったら……（注。二〇一六年七月二十六日の午前二時ごろ、神奈川《かながわ》県相模原《さがみはら》市内の障害者施設「津久井《つくい》やまゆり園」に元職員が侵入《しんにゅう》し、入所者の首などをナイフで次々と刺《さ》して、十九人が亡《な》くなり、二十六人が重軽傷を負った事件を指す）。例えば、「憲法九条改正する安倍総理に反対して、金融《きんゆう》テロで、久々に銀行でまた乱射事件が起きる」とかさ。そういうことだって、ないとは言えないでしょう。

大川裕太　「安倍政権の間に憲法改正を成し遂《と》げよう」という動きはあるんでしょうか。

岸田文雄守護霊　安倍さんは、「できたら、そうしたい」とは思っているとは思うけど。マスコミがうるさいし、まあ、野党が今ね、岡田《おかだ》（克也《かつや》）さんが（民進党代表を）降りるそうであるので、蓮舫《れんほう》さんが出てくるかどうかですけどね（注。本収録後の二〇一六年八月五日、蓮舫氏は、岡田克也代表の任期満了《まんりょう》に伴《ともな》う九月の民進党代表選への立候補を正式に表明した。岡田氏は党代表選には出馬せず、代表を辞任する意向を固めている)。

うーん……、(憲法改正を)遅《おく》らせようとするだけの運動でしょうねえ、やるとしたらね。

でも、実質上、外交は動いてるから。外交っていうか、国際政治的には、危機みたいなものは進行していますからね。

まあ、これは防衛省と自衛隊で話し合って。あの、中国のいろんな島嶼《とうしょ》作戦ですかね、島に陣地《じんち》を築いてやろうとしているのに対してどうするかは、彼ら(防衛省と自衛隊)が専門家だから、彼らが基本的に考えてやってくれれば……。

大川裕太　でも、総理大臣の指令がなければ、自衛隊は基本的には動けないことになりますよね。

岸田文雄守護霊　いや、それはやっぱり実務家が、「南沙《なんさ》諸島、西沙《せいさ》諸島等の軍事基地というのは、どういうふうになれば、どうなるのか」という、そういうシミュレーションをやってらっしゃるでしょう。だから、彼らの書類に基《もと》づいて、上は合意するかしないかを考えるということになりますよね。
日本はね、「ボトムアップの世界」なんですよ。「トップダウンはしない」んです。

大川裕太　なるほど。

8　岸田氏守護霊は今後の「政局」をどう読むのか

総理大臣になるとしたら「〝棚《たな》ぼた〟しかない」

大川真輝　そもそも、岸田大臣は、総理大臣になられたいんでしょうか。

岸田文雄守護霊　うーん、そらあ、国論が推《お》してくれればね、そうだけど。いちばん目指してるのは、安倍《あべ》さんがね、長くやられてお疲《つか》れになったときに、禅譲《ぜんじょう》というかたちで、後継者《こうけいしゃ》指名みたいな感じでしてくださるのが、いちばん望ましいかたちだなあとは思っておりますけどね。

酒井　なられたいんですね、やっぱり。

岸田文雄守護霊　禅譲してくださるならね。ただ、「権力闘争《とうそう》をやって、生き延びる」みたいなのは、そんなにずっと好きではありませんのでね。

大川裕太　今、幹事長代行（収録当時）をされている、町村派《まちむらは》だった細田《ほそだ》（博之《ひろゆき》）さんとかが、いちおうライバルに当たるのかなとは見ているのですけれども、ほかにもいらっしゃるでしょうか。

大川真輝　まあ、石破《いしば》（茂《しげる》）さん、稲田《いなだ》（朋美《ともみ》）さんと、いろいろ名前は挙がっておりますけれども、「ポスト安倍」のライバルになるような方ですね。あるいは、菅《すが》（義偉《よしひで》）さんもそうだと思いますが。こういった方々をどのようにご覧になって

8月3日の内閣改造で防衛大臣に就任した稲田朋美氏。(2016年8月4日撮影)

おりますか？

岸田文雄守護霊　うーん、まあ、私はそういうものに、とても疎《うと》いので、よく分からないんですよね。だから、あるとしても、〝棚《たな》ぼた〟しかないと思っているので。まあ、実力で政権奪取《だっしゅ》なんかをするタイプではありませんので、いちばん弱めに出れば、鈴木善幸《すずきぜんこう》型の、「間《あいだ》を埋《う》める」という感じの……。

大川真輝　（笑）ああ、宏池会《こうちかい》の。

酒井　ああ、なるほど。一説によると、小池《こいけ》（百合《ゆり》子《こ》）さんも、結局、安倍内閣で登用されないので、

鈴木善幸（1911 ～ 2004）
第 70 代内閣総理大臣。1947 年、日本社会党から衆議院議員に初当選したが、1949 年に保守に転向。自民党で郵政大臣、厚生大臣、官房長官などを歴任する。1980 年 6 月、大平正芳《おおひらまさよし》首相の急死後、田中角栄《たなかかくえい》元総理の後押しにより、同年 7 月、首相に就任し、1982 年 11 月まで務めた。

都知事のほうに逃《に》げたということです。

岸田文雄守護霊　うん、そうでしょうね。たぶん、そうだと思います。安倍さんのライバルになるような人は消えていくと思いますよ。

酒井　この流れからすると、石破さんもそろそろ……。

岸田文雄守護霊　だから、次は対決でしょうね。「対決ムードで行くか」、「完全に政治生命を消されるか」、どっちかになる。

だから、難しいんですよ。例えば、小沢一郎《おざわいちろう》さんみたいな人は、幹事長をやってたりして、ついこの前まで権力を持ってたのに、あんな、「生活の党」になって、とうとう、消えかかってるようなところまで行っちゃってますからねえ。

安倍政権は、ネオナチ化しているのか

酒井　「安倍内閣は、ネオナチ化しているのではないか」ということについては、どう思われますか。

岸田文雄守護霊　いや、私はねえ、そのへんはちょっと、政治の勉強が足りないので、「ネオナチ化している」と言われても、よく分からないんですよね。

酒井　分からないのですか。

岸田文雄守護霊　何が、「ネオナチ化している」っていうんですか。

大川裕太　例えば、主要マスコミ等に、報道統制というか、「弱小政党のほうを、

あまり報道しない」ようにさせたり、あるいは、「悪いことだけを報道する」ようにさせたりしています。

岸田文雄守護霊　いや、それは被害妄想《ひがいもうそう》じゃないですかねえ。だいたい報道する気が彼らに起きないんだろうから、しょうがないじゃないですか。

酒井　ただ、内部の人事においても、粛清《しゅくせい》のようなかたちで、ポストを与《あた》えられない人がけっこう多いですよね。

大川裕太　都知事選でも、小池（百合子）さんを応援《おうえん》したら、本人ではなくて親族が応援した場合であっても、自民党の都連から除名されるというような話がありました。

岸田文雄守護霊　でも、安倍さんが責任を取るつもりはないでしょう、そういうのは。

だから、谷垣《たにがき》さんとかには責任があるけど、怪我《けが》をしたことで責任から逃《のが》れていますから、あとは、石原《いしはら》（伸晃《のぶてる》）さんとか、そんな人たちの責任でしょうからねえ。

大川裕太　岸田さんが、もし幹事長をやられるとしたら、そうしたメディア統制のところも、岸田さん自身の責任になってくるのではないかと思うんですけど。

岸田文雄守護霊　いやあ、メディア統制は、菅（義偉）さんがやるでしょう。

大川裕太　（苦笑）菅さんですか。

岸田文雄守護霊　うーん、それはそうでしょう。

大川裕太　なるほど……。

岸田文雄守護霊　だから、選挙対策が幹事長の仕事ですから。いちおう基本的には、そうですけど。

参院選後の「与野党《よや》の情勢」に対する見解

大川真輝　他の政党についての見解を伺《うかが》いますが、民進党や社民党、共産党など、先の選挙で野党連合を組んだ動きのあたりは、どのように見えていますか。

岸田文雄守護霊　まあ、野党連合は、とりあえず、今回（第24回参議院議員通常選挙）は失敗したんじゃないですか。失敗したことで退潮《たいちょう》していくとは思いますので、（自民党は）安倍さんの路線が続くかぎりは「一強」だろうと思います。

まあ、これで責任をどこまで負えるかというと、安倍さんでさえ靖国《やすくに》（神社）には行けなかったり、玉虫色《たまむしいろ》のことを少しはやってますからね。これより、さらに極右型の人が出られるかどうかというと、正直言って難しいかなと思います。

ただ、思想的にやや近いとしたら、稲田（朋美）さんとかは近いと思うけど、女性で当選回数も少ないので、そんなに……。もし、ヒラリー大統領（誕生）みたいな感じで、女性大統領（女性総理）のブームでも起きれば、少し変わってくるのかもしれないですけれども。

あるいは、「蓮舫に対抗《たいこう》するのに、どうしても女性が要《い》る」とかいうんだったらあれだけども、「蓮舫 対 稲田さん」だと、蓮舫のほうが口が立つかもしれないので、あまり得策ではないかもしれませんね。

だから、あと、思想的に……、まあ、カリスマ的に、ウワーッと情熱的人気を起こすとしたら、ちょうど、小泉進次郎《こいずみしんじろう》さんなんかを、そういう〝お立ち台に立たせて踊《おど》らせる〟と人気が出るから、小泉進次郎さんあたりを防衛大臣ぐらいに据《す》えたら面白《おもしろ》いのかもしれないけどね。

自民党主力派の「幸福実現党」に対する見方とは

大川真輝　幸福実現党はご存じですか。

岸田文雄守護霊　いやあ、それは、存在は存じ上げていますよ。存在はね。

大川真輝　どのようにご覧になっていますか。

岸田文雄守護霊　うーん……、自民党の主力派というか、私たち内閣をつくっている者とか、党の役職者たちは、「（幸福実現党が）何回か連敗をなされて、政治ってそんな甘《あま》いものではないということがお分かりになったら、（幸福の科学は）また自民党の支援団体に戻《もど》ってきてくれるのではないかな」ということを、だいたい密《ひそ》かには期待していますが。

万一、〝攻撃部隊《こうげき》〟が強くなって、自民党候補がバタバタと落ちるようなことがあるんだったら、それは何か手を打たなきゃいけないかなあという……。

このあたりぐらいは「共通項《こう》」でしょう。

大川裕太　「手を打つ」というのは、具体的にどういう……。

岸田文雄守護霊　だから、「（幸福実現党が）政党要件を満たさないように、できるだけ頑張《がんば》る」ということぐらいでしょうかね。

大川裕太　すでに、この間の参院選においては、「一人区の四選挙区において、幸福実現党の候補者が保守票を奪《うば》ったために、自民党の候補者が落ちたのではないか」という声などがありますけれども……（二〇一六年七月十二日付「産経新聞」

参照）。

岸田文雄守護霊　いや、あなたがたの気持ちがよく分からないんですよ。だって、あれね、「自民・公明 対 野党連合」の一人区で（候補者を）立てたら、どちらかになるのは決まってるじゃないですか。それなのに、一人立ててくるでしょう？

そして、狭間《はざま》で、一万何千から二、三万票ぐらい取ったりして。これ、落ちるのが分かっていて、なんで（選挙区に）全員立ててくるのかが分からない。

これは「玉砕戦法《ぎょくさいせんぽう》」というやつなので、何か沖縄《おきなわ》の特攻隊で、最後は片道で突《つ》っ込《こ》んでいったような感じにちょっと近いように見えて。いったい、幸福実現党っていうか、幸福の科学っていうのは、どういうふうに政治を考えているのかが分からん。

酒井　いや、やはり、言わなくてはいけないことがあるわけですよ。

岸田文雄守護霊　ああ、そう。

考えているのは「とにかく野党に勝って政権を維持《いじ》すること」

酒井　あなたは、政治に関して、言わなくてはいけないことはありますか？

岸田文雄守護霊　私？

酒井　はい。訴《うった》えなければいけない思想や考えなどは……。

岸田文雄守護霊　うーん……。まあ、自由民主党だから、「自由」と「民主」を守る。

大川真輝　それは、もうＳＥＡＬＤｓ《シールズ》と一緒《いっしょ》ですね。「自由と民主主義のための学生緊急《きんきゅう》行動」というのがＳＥＡＬＤｓのことですから……。

岸田文雄守護霊　ああ、そうなんですか。ふうーん。

まあ、「とにかく、野党に勝って政権を維持《いじ》すること」。これが、自民党の指導者の主たる仕事ですよね。

大川真輝　「連立政権としては、公明党よりも幸福実現党のほうが組みやすい」とか、そういうお考えにまでは至らないのでしょうか。

岸田文雄守護霊　それは、あなた、あちら（公明党）は（比例区で）八百万票ぐらい取りますからね。君たちは、選挙区で九十六万、百万弱で、比例で三十六万かそこらです。これだったら、まだバーターにならないですよね。何百万票を取るようになれば、まあ、五百万票以上を取るようになってきたら、ちょっと考えてもいいけど。

「野球に思想が要《い》らないように、政治にも思想は要らない」

酒井　あなたは、公明党とは思想的に一致《いっち》しているのですか。

岸田文雄守護霊　私？

酒井　はい。

岸田文雄守護霊　私の基本戦略は、「敵をつくらない」っていう……。いちおう、基本的には敵をつくらない。

酒井　まあ、それはいいのですけれども、思想的に一致していますか。

岸田文雄守護霊　いや、「思想があれば」の話でしょう？　それは。

酒井　はい。

岸田文雄守護霊　ない場合は？

酒井　えっ？　思想はございますか。

岸田文雄守護霊　だから、野球っていうのはルールが決まってて、そのルールのなかで、とにかく腕《うで》を磨《みが》くだけですよね？　野球はね。

酒井　ああ……。

岸田文雄守護霊　自分で「新しい野球をつくりたい」とか、「私だけがバッターボックスに立って、(三振《さんしん》ではなく)〝六振《ろくしん》〟まで打っても構わない」とか、そういうルールはつくらないいんですよね、基本的にね。

だから、野球においては思想は要《い》らないんですよね、基本的にね。

酒井　政治においては?

岸田文雄守護霊　要らない。やっぱり要らない。

酒井　要らない?

大川裕太　要らないんですか。

岸田文雄守護霊　だから、（政治は）チームプレーで、それぞれ、「ファーストからサードまで」とか、「一番から四番まで」とか、みんな、もう各省庁によって権限が決まってるので。

酒井　うーん……。

岸田文雄守護霊　それがハーモニーを醸《かも》し出して、全体的に有利な戦いを進めれば、それで日本の国はよくなるんじゃないですか。

酒井　では、もし共産党が国を支配して、「あなたが欲《ほ》しい」と請《こ》われたら、あなたは共産党に行きますか。

岸田文雄守護霊　うん？

酒井　共産党が日本の第一党になって、「ぜひ共産党に来てくれ」と言われたら……。

岸田文雄守護霊　まあ、ちょっと非現実で、共産党がそういうことにはなりませんよ。

酒井　まあ、非現実ですけれどもね。それでも行きますか。

岸田文雄守護霊　うーん……、ならないですよ。

酒井　ならないかもしれませんが、では、公明党だったらどうですか。

岸田文雄守護霊　もし、そういう未来が来るとしたら、もう私は死んでるだろうから。寿命《じゅみょう》がないから、そういう未来は存在しないです。

酒井　うーん……。

9　長銀《ちょうぎん》出身の岸田氏守護霊に経済政策を訊《き》く

「中国やアメリカ、ＥＵ等との外交問題」に責任を取れるのか

大川裕太　いちおう、まだ安倍《あべ》さんには、「この国を美しい国に変えたい。経済成長させたい。世界一の国にしたい」という思いがあるとは思うのですけれども、岸田さんには、この国の経済的なところなどについてのビジョンはあるのでしょうか。

岸田文雄守護霊　いや、もう外務省ですから、ちょっと、経済対策についてはよく分からないんですけど。

うーん……、やっぱり、中国との仲が悪くなったら貿易とかで厳しいし、日本の外交政策によってはアメリカとの関係も悪くなる。

それに、もし次（の米大統領）がトランプさんだったら、もしかしたら、喧嘩《けんか》になったりすると、けっこう厳しい関係になる可能性はあるし、いろいろな経済負担も求めてくるかもしれない。また、ＥＵやイギリスに関しても、（関係は）十分、難しいですよね。

例えば、もし「自衛隊は、北朝鮮《きたちょうせん》とも戦えるような戦力を持て」ということだったら、では、「『イスラム国』の空爆《くうばく》にも参加しろ」とか言われたときに……、つまり、「すでに戦力があるんだったら、『参加しろ』と言われたら、するんですか」っていうような問題も来るから。

もし、「そうしないとＥＵの仲間に入れてやらない」とか、「アメリカの仲間に入れてやらない」とか言われたら、やっぱり困りますね。

大川裕太　岸田さんの守護霊様は、その場合、参加されるのですか。

岸田文雄守護霊　ええ？

大川裕太　「イスラム国」の空爆には。

岸田文雄守護霊　いや、私は、そういう責任のある立場に立ちたくないです。

大川裕太　（苦笑）なるほど。「ＴＰＰ《ティーピーピー》やＡＩＩＢ《エイアイアイビー》がどうなるか」は〝神様の領域〟？

大川裕太　ただ、例えば、ＴＰＰ《ティーピーピー》（環《かん》太平洋戦略的経済連携《れんけい》協定）一つを取っても、アメリカでは、今、（ヒラリーとトランプの）両方とも、今度は反対になってきました。

岸田文雄守護霊　何か両方「弱気」になってきましたね。国内の票（を取るため）でしょうね。

大川裕太　そうですね。

岸田文雄守護霊　日本で言えば、農家や漁村の票みたいなものでしょうね。だけど、今のところ、彼らが本気かどうかも分からないですね。

大川裕太　岸田大臣としては、「TPPは、日本にとってよい」とか、「悪い」とか、お考えはお持ちなのでしょうか。

岸田文雄守護霊　うーん……、まあ、（TPPは）「AIIB《エイアイアイビー》（アジアインフラ投資銀行）に対抗《たいこう》するものだ」という説もあったけど。

だけど、アメリカが逃《に》げていくんだったら、これは対抗にならないから、ちょっと、ここは崩壊《ほうかい》するかもしれないな。こちらだけ、ＴＰＰが崩壊するかもしれないし、もしかしたら、ＡＩＩＢのほうの系統も、「資金的な面から見て崩壊する」っていう説もあるので。

このへんは、もう〝神様の領域〟であって、私には分からないですね。

酒井　（苦笑）

岸田文雄守護霊　どうして笑うんですか、あなた。こんな正直に答えてるのに。

酒井　いや、「神様の領域ではない」と思うんですよね。

衆議院環太平洋経済連携協定（ＴＰＰ）特別委員会に臨む（右から）安倍晋三首相、石原伸晃《いしはらのぶてる》経済再生担当相、岸田文雄外相、森山裕《もりやまひろし》農林水産相。（2016年4月7日撮影）

岸田文雄守護霊　あ、そう？　そうかねえ。

酒井　ＴＰＰは神様の領域ではないと思います。

岸田文雄守護霊　違《ちが》うかねえ。

酒井　はい。

岸田文雄守護霊　ああ、そうかねえ。ふーん。

大本営《だいほんえい》発表として「アベノミクス」には成功しかありえない

大川真輝　それでは、安倍内閣の重要閣僚《かくりょう》としてお訊《き》きしますが、アベノミクスをどのようにご覧になっておられますか。

岸田文雄守護霊　いや、とにかく閣僚としては、「成功した、成功した」と言い続けるしかないでしょう。もう「法華《ほっけ》の太鼓《たいこ》」みたいに叩《たた》くしかないんだ、ポコポコ、ポコポコと。とにかく「成功した、成功した」って言わないと、しょうがないんで。してていなかった部分は、こっそりと、いろいろな緊急《きんきゅう》対策を打ってるんでしょうから。表面上は「成功した」、大本営《だいほんえい》発表は「成功した」しかありえないんですよ。それ以外については、まあ、いろいろと金でばら撒《ま》いたりしていますから（苦笑）。一・五万円、低所得層に撒いたり、いろいろやるようですから。そういうことでやるしかない。

大川裕太　以前の自民党のなかには、例えば、「上げ潮派」や「小泉派」、あるいは、いろいろな「族議員」がいて、さまざまな経済政策があったと思うのですけれども、

●上げ潮派　経済成長や景気対策によって税収を自然に増加させ財政再建を目指す立場。経済成長を促すため、金融緩和や規制緩和、増税の先送りなどを主張する。

今の自民党はアベノミクス一色なのですか。

岸田文雄守護霊　まあ、君らも少し「上げ潮派」に近いんじゃないかと思うんだけども。

基本的にね、結局「〝コイズミノミクス〟で格差が開いた」と言われて、ここを攻撃《こうげき》されたために、野党の巻き返しを許して、さらにリーマン・ショックで急に経済に信用がなくなったんで。

もう、「ただ経済が成長すれば、税収もバランスもよくなって、よくなる」という夢は、いったん、リーマン・ショックで挫折《ざせつ》した。上げ潮派は、あれで挫折したんだよ。

なのに、君たちは、まだ〝能天気〟に、機嫌《きげん》よく上げ潮派をやってるんで。もう、「資本主義の未来については、基本的には、みんな信用しなくなってる」という状態ではあるんだよね。

結局、アベノミクスは「財政出動」に戻《もど》ろうとしている!?

大川裕太　では、社会主義でよろしいのでしょうか。所得再分配、ピケティ……。

岸田文雄守護霊　いや、社会主義をやっているつもりはないんだけども。もう安倍さんも本当は、よくは分からなくなってきたので。

大川裕太　うん、うん、うん。

岸田文雄守護霊　もう従来の自民党に戻《もど》って、とにかく今は、たぶん、「財政出動」に戻ろうとしてるような感じには見えるね。

それで、「田中角栄《たなかかくえい》の復活論」みたいな本が、いっぱい、いろいろと出てくるじゃないですか。あれは、国民が「(政府が)公共工事をいっぱいやってくれて、またインフレを起こしてくれたらいいな」っていうことなんでしょう？　ニーズ的にそうなってきているから、「アベノミクス」と言ってたけど、まあ、最後は「財政出動して、公共投資を増やす」っていう、もとのこれ一本に戻ってくるんじゃないですかね。

大川裕太　うーん……。

大川真輝　最近報道されておりました、安倍政権の「国が最低賃金を三パーセント上げる」とか、「(時給を)二十四円上げる」とかいうのは、どちらかというと、社会主義的な考え方ですよね。

岸田文雄守護霊　まあ、公務員の給料は上げられるでしょうね、自分たちで決められるから。

だけど、民間の給料は上げられないでしょうね（苦笑）。やっぱり、それは難しいでしょうね。

大川真輝　うーん。

岸田文雄守護霊　人件費が上がれば、会社が潰《つぶ》れるか、海外に工場が移って空洞化《くうどうか》したりとかすることが多くなるから、民間については自由にならないでしょうね。ただ、安倍さんには、そのへん、「民間まで自由にしよう」と思っているところがあられるので。それは、やっぱり、〝経済学の天才〟だろうからね、「アベノミクス」っていうぐらいだから。まあ、私には分からない。

銀行が日本経済において担《にな》うべき役割とは

酒井　あなたは長銀《ちょうぎん》出身ですから……。

岸田文雄守護霊　「長銀」って、何回も繰《く》り返し言うね。もう、みんな忘れてるんだから、そう……。

酒井　いえ、いえ、いえ。では、今、「日本経済において、銀行は、どのような役割を担《にな》うべきだ」と思われますか?

岸田文雄守護霊　いや、銀行は今、いったい何をやってるんだろうね。もう、さっぱり分からない。

酒井　いやいや。「銀行は日本経済のなかで、どうあるべきか」ということです。

岸田文雄守護霊　えっ？　「どうあるべきか」ってどういうこと？　いや、さっぱり分からない。

酒井　さっぱり……（苦笑）。

岸田文雄守護霊　だから、基本的に、「預金を預ける」のと「融資《ゆうし》する」ので終わってるんじゃないの。

酒井　いや、現状はそうですけれども……。

岸田文雄守護霊　だけど、預金を預けても、利子はつかない。融資しても、大して儲《もう》けにならない。銀行も、これ、もうまったく「ゼロ成長」じゃん。なあ？

酒井　うーん。

大川裕太　いや……、もう少し知識のあるところをお見せにならないと、（地上の）ご本人様がお怒《いか》りになるのではないでしょうか。

岸田文雄守護霊　ああ、そうか。

大川裕太　まるで、「下村博文《しもむらはくぶん》氏の守護霊霊言《れいげん》」のときのように、「こんなの私じゃない。百人が百人見て分かるはずだ」というように言い始めるのではないかと……

（『文部科学大臣・下村博文守護霊インタビュー』『文部科学大臣・下村博文守護霊インタビュー②』『永田町《ながたちょう》・平成ポンポコ合戦――文科大臣に化けた妖怪《ようかい》の研究――』『スピリチュアル・エキスパートによる文部科学大臣の「大学設置審査《しんさ》」検証（上）（下）』〔いずれも幸福の科学出版刊〕参照）。

岸田文雄守護霊　ああ、なるほど、なるほど、なるほど。そうなの、そうなの、そうなの……。

大川裕太　私は、岸田先生にすごく期待しているのですけれども……。

岸田文雄守護霊　インテリのところを、ちょっと出さないかんな。

大川裕太　はい。少し何か……。

岸田文雄守護霊　何か、ちょっと、「ない」のを絞《しぼ》って頑張《がんば》る……。

金融《きんゆう》政策については、「長銀《ちょうぎん》」の仕事のことしか分からない？

酒井　では、金融《きんゆう》政策について、何か語ってください。

岸田文雄守護霊　ああ、そう、そう、そう。でも、「外務大臣で金融政策」って、ちょっと厳しいんじゃないか？

酒井　いや、だけど、あなたの出自は銀行ですから。

岸田文雄守護霊　「銀行」って言ったって、ちょうど潰れる前ですよね？

大川裕太　また、「消費者行政推進担当大臣」もされていたことがございます。

岸田文雄守護霊　うーん。まあ、そうですね。

酒井　さらに、「規制改革担当大臣」なども、されていますし……。

岸田文雄守護霊　うーん……。「長銀《ちょうぎん》」というのは楽なところでして、国策銀行ですからね。

酒井　いやいや。それに走られると本当に……（苦笑）。

岸田文雄守護霊　何が？　いやあ、国によって長期融資が認められてる三行があって、それで、「長期で借りている金を固定（金利）で貸し付けて、高い金利をもらう」という、それだけだったのが、なぜか取り潰されたので。

だけど、長期の融資専門の銀行が潰されたら、銀行業務って何があるのか、さっぱり分からない。「長銀レディーのマナー」とかね、そういうのはありましたけどね。とにかく……。

酒井　例えば、「日本において長期投資が必要かどうか」ということについては、どうですか。

岸田文雄守護霊　うーん、いやあ……。

大川真輝　「リニア新幹線」とか。

岸田文雄守護霊　いや、それは……。

大川裕太　国土交通省の仕事ですか（苦笑）。

岸田文雄守護霊　国土交通省の……、まあね。

酒井　分かりました（苦笑）。

　本人には「守護霊よりも本人のほうが優秀《ゆうしゅう》だ」と言えばいい？

酒井　では、そろそろお時間なので、守護霊様のことについてお伺《うかが》いしたいのですけれども、「自分が守護霊をされている」というのはご存じなわけですよね？

岸田文雄守護霊　うーん。そうでしょうね。

酒井　ですよね。

岸田文雄守護霊　そうでしょうね。

酒井　「地上の岸田さんとあなた様が違う」というのはご存じですか。

岸田文雄守護霊　ああ。あんたの論点がよく分かった。だから、「守護霊よりも（地上の）本人のほうが優秀《ゆうしゅう》だ」と言えばいいんですよ。それですべてが解決すると。

酒井　なるほど。

岸田文雄守護霊　うん。

大川裕太　確かに、そうかもしれませんね。

岸田文雄守護霊　守護霊は昔のことで、あんまり大した仕事経験も勉強経験もなかったために、こんなに無能だけども、本人は、今回はよく勉強されてるから優秀なんです。

だから、これ（本霊言）を読んで、「あっ、こんなの私じゃない」とご本人が言った場合は、「そんなことはない。守護霊は、『ご本人様は、守護霊の百倍優秀だ』と言っていました」と言えば、「ああ、それは正しい」と、三重丸《さんじゅうまる》が来ますから。

酒井　なるほど。

10 岸田外務大臣の過去世《かこぜ》とは

「今上《きんじょう》天皇の過去世」の時代あたりに朝廷《ちょうてい》に仕《つか》えていた

酒井　あなた（守護霊）は、何時代の人なのですか。

岸田文雄守護霊　私？

酒井　はい。

岸田文雄守護霊　（約三秒間の沈黙《ちんもく》）うーん……。私は何時代の人なんだろう。

大川裕太　日本人ですか。

岸田文雄守護霊　そうなんじゃない?

大川裕太　日本人っぽいですね、確かに。

岸田文雄守護霊　うん。でも、何となく……、何かねえ。そんなに新しくもない。

酒井　古い?

大川裕太　ほう。

岸田文雄守護霊　(両耳の横で握《にぎ》りこぶしをつくりながら)何かこう(髪《かみ》を)角髪《みずら》

に結《ゆ》って、埴輪《はにわ》みたいに貫頭衣《かんとうい》のようなものを着て、（帯を着けるしぐさをしながら）こう締《し》めてるような感じが……。

酒井　では、そうとう古いですね。

大川裕太　古代の衣装ですね、それは。

酒井　古代ですね。

岸田文雄守護霊　うーん……、朝廷《ちょうてい》にでも仕《つか》えてたんじゃないですかね？

酒井　ああ、そうですか。お名前は何という……。

岸田文雄守護霊　ええ？

酒井　何か、「○○氏である」というような氏《うじ》はありましたか？

岸田文雄守護霊　（目を閉じ、首を傾《かたむ》けて考えるしぐさをしながら。約五秒間の沈黙）うーん……。（約五秒間の沈黙）うーん……、うーん……。（約五秒間の沈黙）うーん……、ええ、うーん……、うーん……、いや、大和《やまと》朝廷はあったと思うんですよね。（問題は）時代ですね……？（約五秒間の沈黙）

酒井　そのころの天皇のお名前はご存じですか。

岸田文雄守護霊　（約五秒間の沈黙）うーん……。うーん……、あれが……、あの方がいて、うーん……、うん、仁徳《にんとく》天皇がおられて、それから、その次の、うーん……、うーん……、次の天皇で、ええ……、今上陛下《きんじょうへいか》の（過去世《かこぜ》の）……（『今上天皇・元首《げんしゅ》の本心 守護霊メッセージ』〔幸福の科学出版刊〕参照）。

大川真輝　允恭《いんぎょう》天皇ですか。

岸田文雄守護霊　いや、（仁徳天皇の三代後の）允恭天皇がおられて、うーん……、何か、そのころあたりのような気がするんですが。

酒井　ああ、そうですか。そのころは何をされていましたか。

岸田文雄守護霊　ええ？

酒井　お仕事としては。

岸田文雄守護霊　朝廷に出て、朝議《ちょうぎ》をやっていました。

酒井　朝議をやっていらっしゃった。

岸田文雄守護霊　みなで会議をしています。

酒井　そうですか。

大川裕太　なるほど。朝鮮《ちょうせん》や中国に対する外交政策とか……。

大川真輝　その時代も（近隣諸国との外交は）ありましたよね。

岸田文雄守護霊　まあ、みんなで議論して……。

あのねえ、当時は蹴鞠《けまり》が得意でしてね。野球じゃなくて。野球がなくって、サッカーなんですが。

酒井　はい。

岸田文雄守護霊　蹴鞠がね、わりあい、いけて。蹴鞠ができると、けっこう出世できるんですよ。

酒井　そうですか。

岸田文雄守護霊　うん。

京都の下鴨神社の新春行事「蹴鞠初め」。(2011年1月4日撮影)

大川裕太　なるほど。

「茶《ちゃ》の湯《ゆ》を点《た》てる『文化人』だったような気がする」

酒井　守護霊様の魂《たましい》のごきょうだいには、ほかには、どんな方がいらっしゃいますか。もう少し最近の方は、いらっしゃいませんかね？

大川裕太　新しい人は？

岸田文雄守護霊　ああー、最近？

酒井　はい。

大川裕太　中国とかにお生まれになったりすることは、あったのでしょうか。

岸田文雄守護霊　（目を閉じ、首を傾けて考えるしぐさをしながら。約三秒間の沈黙）うーん……、最近ねえ。そうだね、古すぎるよねえ。もっと新しい人か。（約六秒間の沈黙）うーん、うーん。（約四秒間の沈黙）ああ、なるほど、このへんが、やっぱり外交官のもとなのかな？

何かねえ、茶《ちゃ》の湯《ゆ》を点《た》ててたような気がするな。

酒井　茶の湯ですか。

岸田文雄守護霊　うん。

酒井　戦国あたりですか？　戦国時代の堺《さかい》の商人みたいな……。

岸田文雄守護霊　うーん。千利休《せんのりきゅう》ほど有名ではありませんが、茶の湯が流行《はや》ってきたところにね。やっぱり、茶の湯を点てるのが、かなり流行ってきていましたからね。

何か茶の湯を少し点てる……、これは坊主《ぼうず》なのかな、坊主じゃないのかな。「茶人」というのが存在できたのかなあ。文化人だね。

酒井　貿易もやっていた？

岸田文雄守護霊　うーん……、貿易したかなあ。貿易してる人との付き合いはあったと思う。

酒井　あっ、付き合いがあった？

岸田文雄守護霊　うーん、あったけど、茶の湯は点ててたような気が……。

酒井　それも少し古いんですけど……。

岸田文雄守護霊　ああ、そうかあ。

江戸《えど》時代、仏教精神を持った「将軍」と一緒《いっしょ》に花見をしていた

酒井　過去世でもう少し「新しい」のはないですか。

岸田文雄守護霊　うーん……、もう少し「新しく」ねえ。何かいいのを言わないといけないんだろう？　もう少し新しく……。（約四秒間の沈黙）うーん……、適当な〝銘柄《めいがら》〟は何かないかね。

酒井　適当な〝銘柄〟（苦笑）。

岸田文雄守護霊　総理大臣になれそうな……。

大川裕太　広島に関係があるんですかね？

岸田文雄守護霊　ああ、広島。

大川裕太　ご出身ではないのですけれども……。

岸田文雄守護霊　広島……。

酒井　まあ、江戸時代から明治、大正、昭和ぐらいで、何かないですかね。

岸田文雄守護霊　ああ、なるほど、なるほど。（目を閉じ、腕組みをして考えるしぐさをしながら）ええ……、江戸時代、明治、大正。江戸時代、明治、大正。江戸時代、明治、大正。江戸時代、明治、大正。江戸時代、明治、大正……。

（約三秒間の沈黙）花見をした覚えがあるなあ。

酒井　花見をした？

岸田文雄守護霊　花見をした覚えがある。

酒井　それは、何のために、あるいは、何の会合で花見をしていたのですか。

岸田文雄守護霊　うーん……。

酒井　周りの人たちは、どんな人ですか。

岸田文雄守護霊　うーん……、浜離宮《はまりきゅう》の辺りのような気が……。

酒井　浜離宮で花見？

岸田文雄守護霊　うーん。

酒井　というと……。

浜離宮恩賜庭園（東京都中央区）

岸田文雄守護霊　花見をした覚えがある。

酒井　皇室系？　「浜離宮」というのは、皇室ではないですか。

岸田文雄守護霊　徳川《とくがわ》だ。

酒井　徳川ですか。

岸田文雄守護霊　うん。でも、女性だな。

酒井　女性で花見をしていた。徳川家の人ですか。

岸田文雄守護霊　うーん、女性だと思う。

大川裕太　大奥《おおおく》とかにいらっしゃったのでしょうか。

岸田文雄守護霊　大奥だと思う。

大川裕太　ほう。

岸田文雄守護霊　女性で、将軍様が花見をされるときに、あそこで宴《うたげ》を催《もよお》すので。

酒井　なるほど。将軍の名前は?

岸田文雄守護霊　将軍様のお名前はねえ……。(約十七秒間の沈黙)ううーん、綱《つな》吉《よし》かなあ……。

酒井　綱吉公ですか。

岸田文雄守護霊　うーん……、綱吉公かなあ……。

酒井　なるほど。

岸田文雄守護霊　うん。何か、すごく優《やさ》しい方で、生類《しょうるい》を非常に憐《あわ》れみたもうて、仏教精神を持っておられて、〝お犬様〟を非常に大事にしておられたような感じがするからねえ。

大川裕太　なるほど。

徳川綱吉（1646～1709）
江戸幕府の第５代将軍。４代将軍家綱の養子となり、1680年に将軍を継承した。初期は大老堀田正俊《ほったまさとし》の補佐のもと文治政治に努めたが、正俊の死後は大老を置かず、側用人を重用。また、後世に悪法と呼ばれる「生類憐みの令」を制定した。

岸田文雄守護霊　何？　総理になるのに何か不足がありますか？

酒井　いえいえ、全然ないですよ。

一緒にいるのは「儀典《ぎてん》・外交・サロン・文化」系の人たち

大川真輝　霊的世界で一緒におられるような方々というのは、どういう方々なので
しょうかね。

岸田文雄守護霊　一緒におられる方々ですか（約六秒間の沈黙）。

大川裕太　先ほどの仁徳天皇は、「中曽根康弘《なかそねやすひろ》先生の過去世だ」と言われてはいる
のですが（『中曽根康弘元総理・最後のご奉公《ほうこう》』〔幸福実現党刊〕参照）。

岸田文雄守護霊　うーん、それは偉《えら》い方なんでしょうね。何となくね、今の平成の今上陛下《きんじょうへいか》なんかには、お仕《つか》えしたような気はするんですけどね。

酒井　霊界で、何か一緒に雑談しているような方は？　お友達で有名な方とか。

岸田文雄守護霊　まあ、だから、宮内庁《くないちょう》レベルの仕事をしているような人たちと近いんじゃないでしょうかね？

酒井　ああ、そういう系ですか。

岸田文雄守護霊　そういう儀典《ぎてん》とかね……、「儀典」、「外交」、「サロン」、「文化人」、まあ、こんなような感じの上流のね、サロン系の人たちが多いような気はしますね。

酒井　なるほど。

大川真輝　宏池会《こうちかい》は、「お公家《くげ》集団」と言われることもあるのですけれども、やはり……（笑）。

岸田文雄守護霊　ええ、ええ。そうですね。

大川真輝　ズバリ「お公家」のほうで。

岸田文雄守護霊　ああ、そちらの系統ですね。そうですね。何か、がっかりしたような雰囲気《ふんいき》が漂《ただよ》ってくるんですが……。

大川裕太　いえ、いえ。

「外務大臣としての〝哲学《てつがく》〟」と「目指したい総理のタイプ」

大川裕太　もし、岸田大臣の「哲学《てつがく》」のようなものがありましたら、最後に……。

岸田文雄守護霊　ああ、もしかして、私を持ち上げようとしてくださってるんですか？

大川裕太　今後、総理・総裁等になられるかもしれませんので……。

岸田文雄守護霊　哲学ねえ。ちょっと、下の者が書いてくれないと、あれなんですけど……。

〝岸田哲学〟は何であるかと言うと、やっぱり、「アジアから再び戦争の戦禍《せんか》が起きないようにし、ヨーロッパ、アメリカ大陸等とも良好な関係が築ける、光り輝ける日本の未来をつくりたい」。

これなら、いけるでしょう。どうですか？

大川裕太　分かりました。

大川真輝　もし総理大臣になられたら、歴代の総理大臣のなかで、どの方を目指されますか。あるいは、参考にされますか。

岸田文雄守護霊　（目を閉じて考えるしぐさをする。約七秒間の沈黙）あっ、福田《ふくだ》康夫《やすお》さん。

大川真輝　福田康夫さんを参考にされる、と。

岸田文雄守護霊　うん。

大川裕太　調整型の……。

岸田文雄守護霊　うん。

大川裕太　まあ、マスコミ受けは、かなりいいかもしれませんが。

岸田文雄守護霊　今、安倍さん（の政権）で困ってるのは、韓国《かんこく》、中国との関係が仲が悪くなって……、あと、北朝鮮もありますけど、要するに、「戦争のほうに追い立てていくんじゃないか」ということで、野党やマスコミからずいぶん言われていますから。

「福田さん型の政治」をやれば、マスコミから攻撃《こうげき》を受けずに済むし、野党の攻勢もやむし、中国や韓国との関係も、もうちょっと和《やわ》らぐだろうから。外務大臣から総理になるとしたら、「福田さん型」の感じがいいかなと思います。

まあ、経済についてはよくは分からないので、誰《だれ》か別の方に仕切ってもらおうと思ってます。

酒井　分かりました。

岸田文雄守護霊　何か頼《たよ》りないですか。お公家さんって、そんなものでしょう。

酒井　そう思われるわけですね。

大川裕太　はい。ありがとうございます。

酒井　本日は、まことに、ありがとうございました。

岸田文雄守護霊　何か、〝がっかり〟したような波動を受けますが。

大川裕太　いえ、いえ、いえ。岸田さんの……。

酒井　ええ。本音を聞けたということで……。

「エッジの効いた政策を出すよりも、切れないのがいちばん」

岸田文雄守護霊　（開成《かいせい》高校の後輩《こうはい》・大川真輝に）開成で（私が）最も出世してるのに……。

大川真輝　開成高校の出世頭《しゅっせがしら》……？　うーん、まあ……。

岸田文雄守護霊　最も出世してるのに。みんな、普通《ふつう》は「役人」までしかいけないでしょう？

酒井　そうですね。

岸田文雄守護霊　「事務次官」までしか出世できないところを、「外務大臣」まで行っているので。

あっ、開成は、高橋是清《たかはしこれきよ》先生がいらっしゃるから、あの方に経済指南をしていただければいいんじゃないかな。

酒井　分かりました。では、そういうかたちでぜひ頑張《がんば》っていただいて……。

大川裕太　そうですね。

酒井　今後とも、よろしくお願いします。本日は、ありがとうございました。

岸田文雄守護霊　（大川裕太に）いや、あなたの（東大の）「国際政治のゼミ」と変わらないでしょう？　私の意見は。

大川裕太　（苦笑）いや、もう少し、専門的な内容を教えていただいているとは思いますけれども。

岸田文雄守護霊　しょせんねえ、エッジの効いた政策を出したところで、結局、刃《は》こぼれを起こして何にもならないのよ。

大川裕太　なるほど。

岸田文雄守護霊　結局ねえ、〝安全カミソリ〟がいちばんなんですよ。

酒井　なるほど。

岸田文雄守護霊　切れないのがいいんですよ。

酒井　分かりました。岸田さんが、本日は、よーく分かりましたので。

岸田文雄守護霊　分かったんですか？

酒井　ええ。本当にありがとうございました。

岸田文雄守護霊　うん。こういうふうなね、〝円熟した器《うつわ》〟でないと、日本の宰相《さいしょう》は務まらないんですよ。ね？

酒井　はい、分かりました。本日は、まことにありがとうございました。

大川裕太　ありがとうございました。

11 日本の「村社会《むらしゃかい》」のあり方が表れていた今回の霊言《れいげん》

日本の階層性は実力に関係がない？

大川隆法 （手を二回叩《たた》く）うーん。外見どおりでしたね（苦笑）。

酒井 そうですね。

大川隆法 外見から見て、特に隠《かく》し事はしていないようですが……。日本の政治というのは、どうなっているのでしょうか。よく分かりませんが、このように代々継《つ》げるようになっているので、お公家《くげ》さん的な方でやれるようにはなっているということです。みんな、二代目、三代目、四代目というような方々なので、「初めてで、野性味のある感じの政治家」では簡単には出られないということなのでしょうかね。あるいは、「それほど強い主張がないことで、官僚《かんりょう》たちが働くことができる」ということもあるのかもしれません。

酒井　そうですね。ただ、「これからの未来に立ち向かっていけるか」というと、これではちょっと厳しいという感じはいたしました。

大川裕太　少しだけ、頼《たよ》りないところはありますね。

大川隆法　安倍《あべ》さんの（政権）が崩壊《ほうかい》するとしたら、タカ派系で失敗する場合しかないでしょう。

酒井　（岸田外務大臣は）その際のハト派ということで……。

大川隆法　そういうことになりますね。もし、タカ派でいけなくて、「さらに強いタカ派でやる」という場合、そういう駒《こま》があるかといったら、あまりないでしょう。〝持ち駒〟はそんなにないでしょうね。

酒井　はい。周りに優秀《ゆうしゅう》な方を集めていくのが、いちばんいいやり方だと……。

大川隆法　そうですね。「雰囲気《ふんいき》をつくって、輪をつくって、チームプレーでやる」ということですかね。

酒井　いいブレーンがついてくれればいいのではないかと思います。

大川隆法　うーん。少し寂《さび》しかったでしょうか。

大川裕太　そうですね（笑）。

大川隆法　「日本の主体的外交」などはあまりなかったので……。当会の言っていることは、少しエッジが効きすぎているのでしょうね。「結論をほとんど言わないこと」が、偉《えら》くなる条件なのかもしれません。

大川裕太　なにかと受動的ですよね。日本のポリシーというものがあるわけではなく、「アメリカを怒《おこ》らせないように調整する」と。

大川隆法　「棚《たな》ぼた」という言葉も使われまして、まあ、自分もそれでなれたのかもしれないけれども、基本的に、「棚ぼた型」というのが、日本的には早い出世のパターンなんですよね。

大川裕太　確かに、（岸田外務大臣は）衆院選で連続八選されていて、七期以上務めていたら誰《だれ》でも大臣は回ってくるので、それで来たという可能性もありますけれども。

大川隆法　下村《しもむら》（博文《はくぶん》）さんの守護霊ほど〝喧嘩《けんか》〟になったわけではないので、それほどきつくはないと思いますが、まあ、腹のなかをよく見えないように、ぼんやりさせていると、外見上、大物に見えるところがあるのかもしれませんね。

酒井　そうですね。（岸田外務大臣は）小渕《おぶち》（恵三《けいぞう》）さん的かもしれません。

大川隆法　幸福実現党などは、まだ新進で、これからつくっていこうとしているところなので、もう少しきつい球を投げないと目立たないところはあるでしょう。

ただ、ややがっかりした感じがあります。日本の階層性は実力に関係がない感じが、若干《じゃっかん》、見えてしまったかもしれません。

酒井　まあ、「こういうような方ではないか」という予想はしていましたけれども……。

大川隆法　この方が、（ポスト安倍の）最有力だそうです。

酒井　（苦笑）

大川隆法　うーん。そういう意味では、「危なげない」と言えば危なげないのでしょうね。「彼に任せておいて、大きく変わることはない。国体が変わったり、国の方針が変わったりすることがないため、安心して見ていられる。大きな所帯、数百万人もいる国家公務員、地方公務員たちが、安心して給料をもらいながら、この国が大きく揺《ゆ》らぐこともなく進んでいける」ということなのだと思います。

大川裕太　分かりました。

存在感がないのに「ポスト安倍《あべ》」最有力候補である理由

大川隆法　厳しかったですかね。

大川裕太　まあ、より哲学《てつがく》のある、より毅然《きぜん》とした対応のできる政党が、日本の未来を担《にな》っていかなければいけないと思います。

大川隆法　幸福実現党の政策は、おそらく、「球がきつすぎて、デッドボールが出そうな感じに見える」のではないでしょうか。

大川裕太　ある意味では、アメリカの反応を気にしすぎなんですよね。あるいは、韓国《かんこく》だとか……。

大川隆法　どうも、外務省もエリートになると、最終的には、「アメリカに全部、追随《ついずい》すればいいんだ」という結論になるらしいのです。どうも、「いくら努力しても、そういうふうにはならないので、結局、〝コバンザメ〟のように、アメリカさんにくっついておいて、あとはもう、麻雀《マージャン》でもしながら人生を過ごしていたら、それで偉くなれるらしい」というようなことを、元外交官の方が書いていました。

酒井　「戦後型の平和」が続けば、これでいいとは思うのですが、ちょっと……。

大川隆法　これでは、アメリカに日本を護《まも》ってもらう以外に道はなさそうですね。

大川裕太　そうですね。

大川隆法　そして、「中国や韓国をあまり怒らせないようにする」。基本的に、そういうことのようです。

酒井　はい。ぜひ、変化に対応できるリーダーが欲《ほ》しいと思います。

大川隆法　これも性格なのでしょう。総理として、こういうタイプの人、要するに、調整型の人もときどき出てきます。「何をしていたかが分からない」という方は、ときどきいらっしゃるので。

酒井　そうですね。マスコミも、この人（岸田外務大臣）に対して、「存在感がない」と平気で書いていますから。

大川隆法　でも、この人がいちばん（ポスト安倍に）有力なのでしょう？

酒井　はい。

大川隆法　確かに、自分が目立った首相は、次に目立つ人を指名しないのが基本ですからね。

酒井　そうですね。

大川隆法　安倍《あべ》さんは、絶対、小泉進次郎《こいずみしんじろう》さんのような人を指名したくはないはずです。

酒井　はい。

大川隆法　これが難しいところで、大きくはなったものの、もともと日本自体が村社会なのでしょう。

少し物足りなかったかもしれませんが、いちおう、「（岸田外務大臣が）どのような人物か」の調査は終わりました。ありがとうございました。

質問者一同　ありがとうございました。

あとがき

本書の元になった、岸田外相《がいしょう》守護霊の霊言《れいげん》を観《み》て、「霊言って本当に怖《こわ》い。」と語った人がいる。うちの家内だ。

守護霊は、本人の不利にならないように、一生懸命《けんめい》、防戦しているのだが、やればやるほど魂の生地《きじ》が見えてくるのである。そして日本の政治の裏側の出世力学《しゅっせりきがく》が読めてくるのである。本人の表面意識《ひょうめんいしき》はともかく、深層意識《しんそういしき》（守護霊）まで、政治家作法をとり続けているのは正直言って、驚いたというべきか、ウンザリしたというべきか、適切な言葉が浮かばない。

政治家の語る意味不明の言葉をマスコミが解読・解説する形の衆愚政《しゅうぐせい》・民主主義には、正直あきあきした。

日本外交には、ポリティシャン（政治屋）ではなく、ステーツマン（〈公正でりっぱな〉政治家）が欲しいものだ。正論で勝負すると不利になる世の中は、どうにか変えたいものだ。

二〇一六年　八月十三日

幸福《こうふく》の科学《かがく》グループ創始者兼総裁《そうししゃけんそうさい》

幸福実現党創立者兼総裁《こうふくじつげんとうそうりつしゃけんそうさい》

大川隆法《おおかわりゅうほう》

『岸田文雄外務大臣 守護霊インタビュー
外交 そしてこの国の政治の未来』大川隆法著作関連書籍

『世界を導く日本の正義』（幸福の科学出版刊）
『正義と繁栄』（同右）
『未来へのイノベーション』（同右）
『元・京大政治学教授 高坂正堯なら、現代政治をどうみるか』（同右）
『今上天皇の「生前退位」報道の真意を探る』（同右）
『文部科学大臣・下村博文守護霊インタビュー』（同右）
『文部科学大臣・下村博文守護霊インタビュー②』（同右）
『プーチン 日本の政治を叱る』（同右）
『守護霊インタビュー ドナルド・トランプ アメリカ復活への戦略』（同右）
『中曽根康弘元総理・最後のご奉公』（幸福実現党刊）

岸田文雄外務大臣《きしだふみおがいむだいじん》 守護霊《しゅごれい》インタビュー
外交《がいこう》 そしてこの国《くに》の政治《せいじ》の未来《みらい》

2016年 8 月23日　初版第 1 刷

著　者　　大《おお》 川《かわ》 隆《りゅう》 法《ほう》

発　行　　幸福実現党
〒107-0052 東京都港区赤坂 2 丁目10番 8 号
TEL(03)6441-0754

発　売　　幸福の科学出版株式会社
〒107-0052 東京都港区赤坂 2 丁目10番14号
TEL(03)5573-7700
http://www.irhpress.co.jp/

印刷・製本　株式会社 堀内印刷所

落丁・乱丁本はおとりかえいたします
©Ryuho Okawa 2016. Printed in Japan. 検印省略
ISBN978-4-86395-827-2 C0030
カバー写真：時事
本文写真：時事／EPA ＝時事／SPUTNIK/時事通信フォト／The Traditionalist
共同通信社／AFP= 時事／UE-PON2600 ／ Daffy123
共同通信社 / ゲッティ イメージズ／光真

大川隆法霊言シリーズ・元自民党外務大臣が語る

父・安倍晋太郎は語る

息子・晋三へのメッセージ

天上界の父親の目には、長期政権をめざす現在の安倍首相の姿は、どのように映っているのか。息子へ、そしてこの国の未来のために贈る言葉。

1,400円

「河野談話」「村山談話」を斬る!

日本を転落させた歴史認識

根拠なき歴史認識で、これ以上日本が謝る必要などない!! 守護霊インタビューで明らかになった、驚愕の新証言。「大川談話(私案)」も収録。

1,400円

宮澤喜一 元総理の霊言

戦後レジームからの脱却は可能か

失われた20年を招いた「バブル潰し」。自虐史観を加速させた「宮澤談話」—。宮澤喜一元総理が、その真相と自らの胸中を語る。【幸福実現党刊】

1,400円

※表示価格は本体価格(税別)です。

大川隆法霊言シリーズ・現代政治と外交を考える

元・京大政治学教授
高坂《こうさか》正堯《まさたか》なら、
現代政治をどうみるか

自民党のブレーンやテレビなどで活躍した高坂正堯氏──。その保守の論客が、リアリズムの視点から、日本を取り巻く国際情勢を鋭く分析する。

1,400円

外交評論家・岡崎久彦
─後世に贈る言葉─

帰天後3週間、天上界からのメッセージ。中国崩壊のシナリオ、日米関係と日ロ外交など、日本の自由を守るために伝えておきたい「外交の指針」を語る。

1,400円

危機の時代の国際政治
藤原帰一東大教授守護霊インタビュー

「左翼的言論」は、学会やメディア向けのポーズなのか？　日本を代表する国際政治学者の、マスコミには語られることのない本音が明らかに！

1,400円

大川隆法霊言シリーズ・日本外交に関わる政治指導者の本心

北朝鮮・金正恩はなぜ「水爆実験」をしたのか

緊急守護霊インタビュー

2016年の年頭を狙った理由とは？ イランとの軍事連携はあるのか？ そして今後の思惑とは？ 北の最高指導者の本心に迫る守護霊インタビュー。

1,400円

守護霊インタビュー

朴槿惠韓国大統領 なぜ、私は「反日」なのか

従軍慰安婦問題、安重根記念館、告げ口外交……。なぜ朴槿惠大統領は反日・親中路線を強めるのか？ その隠された本心と驚愕の魂のルーツが明らかに！

1,500円

プーチン 日本の政治を叱る

緊急守護霊メッセージ

日本はロシアとの友好を失ってよいのか？ 日露首脳会談の翌日、優柔不断な日本の政治を一刀両断する、プーチン大統領守護霊の「本音トーク」。

1,400円

守護霊インタビュー

ドナルド・トランプ アメリカ復活への戦略

英語霊言 日本語訳付き

次期アメリカ大統領を狙う不動産王の知られざる素顔とは？ 過激な発言を繰り返しても支持率トップを走る「ドナルド旋風」の秘密に迫る！

1,400円

※表示価格は本体価格（税別）です。

大川隆法ベストセラーズ・安倍政権に問う

自由を守る国へ

国師が語る「経済・外交・教育」の指針

アベノミクス、国防問題、教育改革……。国師・大川隆法が、安倍政権の課題と改善策を鋭く指摘！ 日本の政治の未来を拓く「鍵」がここに。

1,500円

橋本龍太郎元総理の霊言

戦後政治の検証と安倍総理への直言

長期不況を招いた 90 年代の「バブル潰し」と「消費増税」を再検証するとともに、マスコミを利用して国民を欺く安倍政権を〝橋龍〟が一刀両断！

1,400円

自民党諸君に告ぐ 福田赳夫の霊言

経済の「天才」と言われた福田赳夫元総理が、アベノミクスや国防対策の誤りを叱り飛ばす。田中角栄のライバルが語る〝日本再生の秘策〟とは!?【HS政経塾刊】

1,400円

政治家が、いま、考え、なすべきこととは何か。元・総理　竹下登の霊言

消費増税、マイナンバー制、選挙制度、マスコミの現状……。「ウソを言わない政治家」だった竹下登・元総理が、現代政治の問題点を本音で語る。【幸福実現党刊】

1,400円

新時代をリードする20代のオピニオン

祭政一致の原点

「古事記」と「近代史」から読みとく神国日本の精神

大川咲也加　著

古来より、神意を受けた「祭政一致」を行ってきた日本。その後、現代の政教分離に至った歴史を検証しつつ、再び「神国日本」の誇りを取り戻すための一書。

1,300円

大川隆法の〝大東亜戦争〟論［上・中・下］

大川真輝　著

大川隆法著作シリーズから大東亜戦争を再検証し、「自虐史観」にピリオドを打つ書。
【HSU 出版会刊】

［上］

［中］

［下］

各 1,300円

幸福実現党テーマ別政策集
4「未来産業投資／規制緩和」

大川裕太　著

「二十年間にわたる不況の原因」、「アベノミクス失速の理由」を鋭く指摘し、幸福実現党が提唱する景気回復のための効果的な政策を分かりやすく解説。【幸福実現党刊】

1,300円

※表示価格は本体価格（税別）です。

大川隆法シリーズ・最新刊

元横綱・千代の富士の霊言 強きこと神の如し

絶大な人気を誇った名横綱が、その「強さ」と「美しさ」の秘密を語る。体格差やケガを乗り越える不屈の精神など、人生に勝利するための一流の極意とは。

1,400円

天台大師 智顗の新霊言

「法華経」の先にある宗教のあるべき姿

「中国の釈迦」と呼ばれた天台大師が、1400年の時を超えて、仏教の真髄、そして現代の宗教対立を解決する鍵、新時代の世界宗教の展望を語る。

1,400円

幸福実現党本部 家宅捜索の真相を探る

エドガー・ケイシーによる スピリチュアル・リーディング

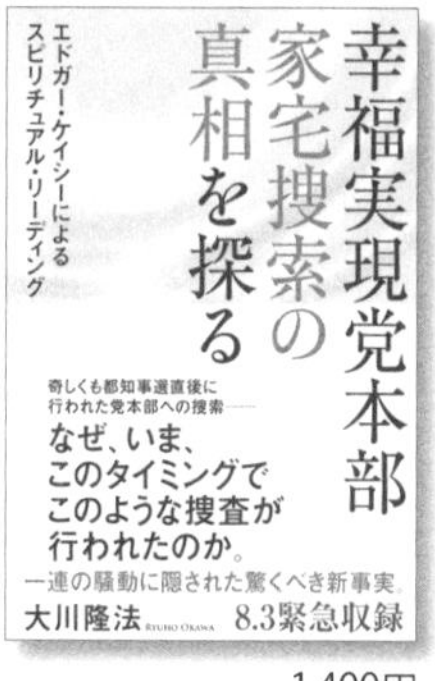

都知事選の直後に行われた、異例とも言える党本部への家宅捜索について、その真相を霊査。一連の騒動の背景に隠された驚くべき新事実とは?【幸福実現党刊】

1,400円

大川隆法「法シリーズ」・**最新刊**

正義の法

法シリーズ
第22作

憎しみを超えて、愛を取れ

テロ事件、中東紛争、中国の軍拡――。
どうすれば世界から争いがなくなるのか。
あらゆる価値観の対立を超える
「正義」とは何か。
著者二千書目となる「法シリーズ」最新刊！

2,000円

第１章　神は沈黙していない――「学問的正義」を超える「真理」とは何か
第２章　宗教と唯物論の相克――人間の魂を設計したのは誰なのか
第３章　正しさからの発展――「正義」の観点から見た「政治と経済」
第４章　正義の原理
――「個人における正義」と「国家間における正義」の考え方
第５章　人類史の大転換――日本が世界のリーダーとなるために必要なこと
第６章　神の正義の樹立――今、世界に必要とされる「至高神」の教え

※表示価格は本体価格（税別）です。

大川隆法ベストセラーズ・地球レベルでの正しさを求めて

未来へのイノベーション

新しい日本を創る幸福実現革命

経済の低迷、国防危機、反核平和運動……。「マスコミ全体主義」によって漂流する日本に、正しい価値観の樹立による「幸福への選択」を提言。

1,500円

正義と繁栄

幸福実現革命を起こす時

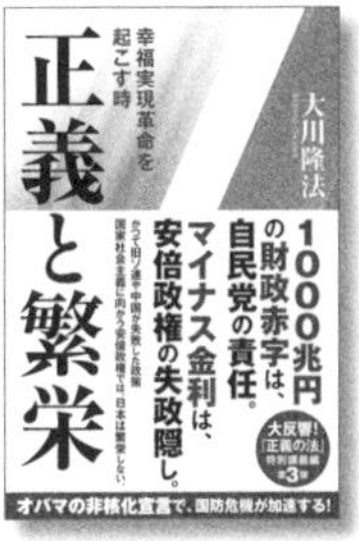

「マイナス金利」や「消費増税の先送り」は、安倍政権の失政隠しだった!? 国家社会主義に向かう日本に警鐘を鳴らし、真の繁栄を実現する一書。

1,500円

世界を導く日本の正義

20年以上前から北朝鮮の危険性を指摘してきた著者が、抑止力としての日本の「核装備」を提言。日本が取るべき国防・経済の国家戦略を明示した一冊。

1,500円

現代の正義論

憲法、国防、税金、そして沖縄。
――『正義の法』特別講義編

国際政治と経済に今必要な「正義」とは――。北朝鮮の水爆実験、イスラムテロ、沖縄問題、マイナス金利など、時事問題に真正面から答えた一冊。

1,500円

幸福実現党
THE HAPPINESS REALIZATION PARTY

党員大募集！

あなたも**幸福**を**実現**する政治に参画しませんか。

○幸福実現党の理念と綱領、政策に賛同する18歳以上の方なら、どなたでもなることができます。

○党員の期間は、党費（年額 一般党員5,000円、学生党員2,000円）を入金された日から1年間となります。

党員になると

・党員限定の機関紙が送付されます。
（学生党員の方にはメールにてお送りいたします）

申し込み書は、下記、幸福実現党公式サイトでダウンロードできます。

幸福実現党公式サイト

・幸福実現党のメールマガジン“HRP ニュースファイル”や“幸福実現党！ハピネスレター”の登録ができます。

・動画で見る幸福実現党――
“幸福実現党チャンネル”、党役員のブログの紹介も！

・幸福実現党の最新情報や、政策が詳しくわかります！

hr-party.jp

もしくは 幸福実現党 検索

★若者向け政治サイト「TRUTH YOUTH」
truthyouth.jp

幸福実現党 本部　〒107-0052 東京都港区赤坂2-10-8　TEL03-6441-0754　FAX03-6441-0764